Universale Laterza
893

Rosalia Cavalieri

Il naso intelligente

Che cosa ci dicono gli odori

Editori Laterza

© 2009, Gius. Laterza & Figli

www.laterza.it

Prima edizione marzo 2009

Edizione
3   4   5   6   7   8

Anno
2016   2017   2018   2019   2020

Proprietà letteraria riservata
Gius. Laterza & Figli Spa, Roma-Bari

Questo libro è stampato
su carta amica delle foreste

Stampato da
Arti Grafiche Editoriali Srl - Urbino
per conto della
Gius. Laterza & Figli Spa
ISBN 978-88-420-8900-1

a Tiziano e ad Antonio

Premessa

> Ma poi, cos'è un nome? Forse che quella
> che chiamiamo rosa cesserebbe d'avere
> il suo profumo se la chiamassimo
> con un altro nome?
>
> *William Shakespeare*
> Romeo e Giulietta, Atto II, Scena II

Il tema e il titolo di questo libro possono sembrare azzardati e forse lo sono. Non è infatti consueto che si parli del naso come di un senso 'intelligente', né del modo in cui esso ci fa conoscere il mondo, influenza i nostri comportamenti, né tanto meno della sua linguisticità. In genere, la sensibilità olfattiva non gode di grande attenzione presso noi umani, una specie culturalmente 'anosmica' e dalla mentalità prevalentemente visivo-acustica.

Confinato nell'ambito dei desideri e delle emozioni proprie della vita animale, ritenuto cognitivamente inefficace e distante dal linguaggio, condannato alla marginalità da un duplice destino biologico e culturale, l'olfatto in realtà è stato vittima (almeno in Occidente) di una lunga svalutazione che lo ha escluso da un'adeguata attenzione filosofica e scientifica, relegandolo all'ultimo gradino della gerarchia dei sensi. È piuttosto insolito che un filosofo del linguaggio decida quindi di occuparsi proprio di quello che fra tutti i sensi sembra 'muto' e sembra sfuggire alle maglie della rete linguistica e della conoscenza oggettiva.

L'idea di accogliere questa sfida nasce quasi per caso alcuni anni fa, quando, avendo iniziato a frequentare, esclusivamente per curiosità, un corso di *sommelier*, vengo subito a scontrarmi con la difficoltà di identificare e descrivere i fugaci profumi del vino. Avvertivo la presenza di odori diversi che si mescolavano sovrapponendosi e rendendosi irriconoscibili: restavo incapace di esprimerli a parole, mentre i *sommeliers* e gli enologi con i loro nasi addestrati riuscivano a definirli senza grandi difficoltà, riutilizzando, in un senso più espressivo e figurato, termini abituali ricodificati nel loro lessico specifico. La mia 'aromatica' avventura inizia così attraverso il vaglio di una letteratura scientifica che, per quanto esigua e lacunosa – rispetto, per esempio, a quella reperibile sulla visione –, si è comunque arricchita negli ultimi quindici anni degli apporti di differenti ambiti disciplinari.

Guidata dall'intento prioritario di comprendere il modo in cui parliamo degli odori e ce li rappresentiamo, di cogliere le ragioni della loro inesprimibilità e i complessi meccanismi cognitivi dell'esperienza e della memoria olfattive, mi sono lasciata affascinare intellettualmente dalle peculiarità di questo senso ancora in larga parte misterioso: la precocità filogenetica e ontogenetica, la singolarità biologica, lo straordinario potere evocativo, la risonanza emotiva, l'efficacia semiotica, la plasticità alle influenze dell'ambiente, l'apparente refrattarietà al linguaggio. In una parola, dalla sua unicità cognitiva.

Questo saggio vuole essere la prima tappa di un'esplorazione ancora *in itinere*, e intende offrire un'ampia e informata panoramica del contributo di diversi saperi (biologia, psicologia, neuroscienze, zoosemiotica, etologia, antropologia, etnolinguistica) allo studio dell'olfatto, promettendo ai lettori un'esperienza in cui gli aromi della conoscenza vengono a confondersi con la conoscenza degli aromi. Il libro illustra quindi il valore cognitivo e le potenzialità linguistiche di una forma di sensibilità temuta e in parte 'dimenticata' dal progresso della civiltà con il duplice intento di mostrare, da un lato, come e quanto la nostra esperienza di animali linguistici e i nostri comportamenti socio-emozionali siano (più o meno consapevolmente) influenzati dagli odori in un modo che oltrepassa la nostra immaginazione e la nostra coscienza; e dall'altro lato, come per noi umani (gli unici animali capaci di comporre gli odori per creare un profumo, di apprezzarne gli attributi estetici, di identificare e di descrivere verbalmente le qualità aromatiche di un vino o di una pietanza) l'atto dell'annusare implichi un vero e proprio processo specifico di conoscenza.

Accostarsi all'affascinante universo degli odori è insieme una sfida per chi cerca di comprendere meglio le ragioni dell'unicità cognitiva della nostra specie e una prospettiva insolita da cui affrontare un progetto non riduzionista di naturalizzazione del sapere e dell'apprendere che riabiliti la corporeità, l'istintualità e le emozioni entro una visione più articolata della razionalità umana. Nonostante alcuni inevitabili tecnicismi, ho comunque cercato di mantenere accessibile il libro anche ai non addetti ai lavori, al fine di incuriosirli al percorso di conoscenza olfattiva che ho cercato di tracciare per accostarli a un tema così complesso e multidisciplinare.

Il volume è suddiviso in tre capitoli. Il primo, dedicato al complesso intreccio tra vincoli biologici e vincoli culturali, permette di farsi un'idea sulla struttura e sul funzionamento del congegno olfattivo e delle aree cerebrali che lo controllano, sulle conseguenze delle patologie dell'olfatto sull'esistenza di una persona, sulle caratteristiche fisio-chimiche degli odori e sul loro potere terapeutico, sulla variabilità dell'olfatto umano e sui nasi prodigiosi dei ciechi e degli *enfants sauvages*, e ancora sul ruolo delle influenze culturali sull'organizzazione biologica dell'odorato attraverso la testimonianza di culture olfattivamente orientate. Il secondo capitolo è dedicato alla comunicazione chimica, alla sua origine filogenetica, alle molteplici funzioni che i segnali odorosi svolgono per la sopravvivenza di numerose specie animali, alla loro importanza nelle nostre relazioni interpersonali (amorose, amicali, di gruppo) e in particolare nel rapporto inaugurale – che lega madre e figlio sin dalla vita fetale –, e infine al loro potere seduttivo sfruttato nel marketing. Il terzo capitolo si sofferma più specificamente sulla natura cognitiva dell'olfatto: dopo una veloce panoramica filosofica, analizza l'unicità dei processi psicobiologici di percezione, di memoria, di riconoscimento, di identificazione e di categorizzazione degli odori, investiti trasversalmente dall'attività di verbalizzazione, e finisce con un accenno all'*expertise* olfattiva di quegli autentici 'nasi linguistici' che sono i *sommeliers*.

Desidero ringraziare anzitutto Franco Lo Piparo, la prima persona a cui alcuni anni fa, nel corso di un'occasione conviviale, ho confidato di volermi occupare di un argomento così insolito come l'olfatto e il linguaggio e che prontamente mi ha incoraggiata con entusiasmo e curiosità. Sono grata poi a Giovanni Lombardo, un caro amico prima che un collega: alcuni suoi consigli sono stati preziosi durante la revisione del testo – in origine ben più corposo – necessaria per consentirne la pubblicazione in questa collana. Il mio ringraziamento va ancora a Nino Bucca per la sua amicizia e per il suo instancabile sostegno.

Messina, ottobre 2008

Il naso intelligente
Che cosa ci dicono gli odori

L'olfatto tra natura e cultura

...*ivo*

...stenza degli animali umani – gli unici
...posizione eretta e ad avere sviluppato
...e l'udito, i sensi cosiddetti 'nobili', de-
...nella sperimentazione e nell'interpreta-
...e loro informazioni ci coinvolgono più
...ccade spesso di essere impegnati consa-
...ose che vediamo o ascoltiamo. Anche il
...di cui siamo coscienti e una fonte affida-
...e. Non altrettanto può dirsi per l'olfatto,
...nsi 'minori' insieme al gusto. Il rapporto
...le sensazioni, soprattutto nelle società oc-
...entato alla valorizzazione della vista e del-
...connessi al linguaggio verbale, all'orientamento spaziale, alla manipolazione degli oggetti e persino
alla fruizione estetica delle arti – a scapito dell'odorato. Diciamo pure che noi umani siamo una specie dalla mentalità visivo-acustica. Diversamente dalle immagini e dai suoni, gli odori, personali e non, non sembrano trasmetterci
informazioni 'intellettualmente' rilevanti, ma hanno principalmente un carattere emotivo, intimo e immaginativo:
accendono le passioni, attivano i ricordi oppure ci segnalano un pericolo. Per di più, quello che passa per il naso

spesso o non viene percepito o viene percepito in modo inconsapevole, anche per la rapidità con cui l'informazione olfattiva viene acquisita ai processi di rielaborazione cognitiva. Ciononostante, gli stimoli odorosi incidono significativamente sul nostro comportamento e sulla nostra vita cognitiva e sono dotati di valore semiotico.

Se conosciamo a fondo il funzionamento dell'occhio e fin nei minimi dettagli quello dell'organo uditivo, l'olfatto resta ancora in larga parte uno dei principali misteri della biologia. Tuttavia, anche se le nostre percezioni olfattive sono spesso inconsapevoli, l'odorato, legato com'è alla respirazione, è un senso costantemente attivo. Per un fenomeno singolare di cui s'ignorano le cause, raramente ci capita di poter respirare bene utilizzando simultaneamente entrambe le narici, che entrano invece in funzione alternativamente ogni tre o quattro ore. Così, quando è aperta una narice, l'altra è parzialmente attiva e viceversa. L'odorato, poi, a differenza degli altri sistemi sensoriali, non s'incrocia estesamente nell'emisfero controlaterale: la narice sinistra comunica inizialmente con l'emisfero sinistro e quella destra con il destro. E, sempre comparato agli altri sensi, l'odorato ha uno statuto speciale che ne fa un compagno inseparabile della nostra esistenza: se vediamo a condizione che vi sia luce a sufficienza, se sentiamo solo i suoni di una certa frequenza e di una certa intensità, se usiamo il tatto soltanto quando tocchiamo qualcosa o qualcuno e gustiamo solo se mettiamo del cibo in bocca, l'olfatto è invece sempre attivo e non può essere volontariamente disattivato. Dalla prima inspirazione all'ultima espirazione, si affianca agli altri sensi scortandoci costantemente lungo tutta la nostra vita. Sicché possiamo turarci le orecchie per non sentire, chiudere gli occhi per non vedere, evitare qualsiasi contatto fisico, ma non possiamo impedirci di sentire gli aromi che ci circondano e in cui viviamo immersi.

Ma come funziona il nostro rivelatore chimico? Gli odori, anzitutto, possono accedere all'organo olfattivo per via diretta, attraverso le cavità nasali, o per via indiretta (retronasale), attraverso la rinofaringe (per esempio quando mangiamo o beviamo). Tuttavia solo una piccola quantità d'aria inspirata raggiunge e stimola i recettori olfattivi, le cellule specializzate nella recezione delle molecole odorose (*odoranti*). L'odore rappresenta l'ultimo atto di una complessa catena di eventi che comincia nel momento in cui un certo numero di molecole odorose – necessariamente volatili e solubili – raggiunge l'epitelio olfattivo posto alla sommità delle fosse nasali, dove si trovano i recettori: dall'insieme dei recettori stimolati 'nascerà' l'odore percepito dal nostro naso. Data la scarsa ventilazione della regione olfattiva, l'atto del fiutare aumenta notevolmente la quantità d'aria che vi arriva e amplifica la sensazione odorosa e, dal momento che un maggiore e più rapido afflusso d'aria nel nostro naso agevola l'incontro delle molecole odorose (riscaldate e disciolte nel muco) con i recettori della membrana olfattiva, inspirando più intensamente percepiamo meglio un aroma. La macchina olfattiva ha il delicato compito di identificare non tanto la singola molecola quanto piuttosto il complesso miscuglio caratteristico di un oggetto odoroso, dotato di un significato comportamentale per l'organismo. Un singolo profumo percepito è in realtà composto da più molecole: un odore stimolerà più recettori e l'insieme dei segnali verrà ricostruito dal cervello come un unico odore. Così, il profumo del gelsomino e quello della rosa avranno recettori differenti, perché differenti sono le note molecolari di cui essi sono composti.

Oltre ad avere una funzione olfattiva, il naso interviene nella respirazione (riscaldando e umidificando l'aria inspirata e quella espirata) e nella fonazione (come cavità di risonanza). E ancora, nobilita e arricchisce la capacità elementare del gusto, limitata di per sé alla sola discriminazione dei quattro sapori fondamentali, dolce, amaro, acido e salato (e a fornirci alcune sensazioni tattili e termiche), permettendoci di assaporare un cibo o una bevanda.

Se ci tappiamo il naso, chiudiamo gli occhi e chiediamo a qualcuno di metterci in bocca cibi diversi, può capitarci di non saper distinguere una fetta di patata cruda da una fetta di mela. Solo grazie alle informazioni forniteci dall'olfatto – per via diretta (quando respiriamo) e per via retronasale (quando deglutiamo) – e alla sua sinergia con il gusto possiamo sentire e identificare una varietà incommensurabile di sapori. Non è un caso, infatti, che le informazioni provenienti dalle papille gustative si dirigano verso un'area del lobo temporale del cervello contigua a quella in cui viene processata l'informazione olfattiva. Degustare un vino o un cibo, come si vedrà più avanti, è un'abilità in cui il naso, integrando e completando il lavoro della lingua, conferisce alla sensorialità chimica nel suo complesso una connotazione specificamente umana (*infra*, § 3.6).

La difficoltà a raggiungere l'organo olfattivo con strumenti chirurgici e/o endoscopici è la ragione principale delle limitate conoscenze sulla sua anatomia e sul suo funzionamento. I dati anatomici emergono per lo più da esami autoptici o da esperimenti condotti su animali. Un dato sembra in ogni modo certo: l'organo olfattivo vero e proprio, situato al di sopra del naso, all'incirca sotto la linea degli occhi e alla stessa profondità del palato, negli esseri umani è un organo molto piccolo con una superficie di circa 10 cm^2 (Vroon *et al.* 1994: 35; Bear *et al.* 2001: 271). Ciò non toglie che un tratto caratteristico del sistema olfattivo sia la sua complessità anatomica e funzionale, il coinvolgimento cioè di un gran numero di strutture che vanno dalla periferia fino ai centri di elaborazione cerebrale. Globalmente esso comprende: l'area periferica, formata dalla *cavità nasale* nella sua interezza (narici, fosse nasali e retrocavità delle fosse nasali; attraverso quest'ultima l'aria inspirata dalle narici penetra nella rinofaringe, dietro il palato molle), il *bulbo olfattivo* e il *cervello olfattivo*. Noi però non odoriamo con tutto il naso, ma solo grazie all'*epitelio olfattivo*, un sottile strato di cellule situate al di sopra della cavità nasale. Quando annusiamo, solo una piccola percentuale dell'aria inalata raggiunge e stimola i recettori posti nell'epitelio. Tuttavia, l'intensità con cui un odore viene percepito dipende da numerosi fattori, tra cui: la concentrazione della sostanza, il suo grado di solubilità (le sostanze idrofobe, per esempio quelle grasse come il muschio, si sciolgono difficilmente nel muco), il tasso di viscosità del muco e il suo spessore (l'aumento della quantità di muco nell'epitelio riduce la sensibilità olfattiva perché aumenta la distanza tra i recettori e le molecole odorose), il tasso di umidità presente nell'aria, l'ora del giorno e, nelle donne, le varie fasi del ciclo mestruale (l'acuità olfattiva aumenta durante l'ovulazione e diminuisce nella fase mestruale; e pare che gli ormoni influiscano sullo spessore dello strato di muco, determinando nelle donne una sensibilità agli odori molto variabile). Un banale raffreddore, causando il rigonfiamento della mucosa e accrescendone anche lo spessore e la viscosità, ostacola l'afflusso dell'aria verso l'organo olfattivo e impedisce inoltre alle sostanze odorose di raggiungerlo. Ecco perché quando siamo raffreddati perdiamo la sensibilità agli odori. L'epitelio olfattivo secerne costantemente un sottile strato di *muco* (che si rinnova ogni venti minuti) nel quale le sostanze odorose si disciolgono prima di venire a contatto con i recettori: la sensazione olfattiva ha luogo quando le molecole odorose raggiungono l'epitelio, assorbite dal muco che lo ricopre (la parte dell'epitelio ricoperta da muco prende il nome di *mucosa olfattiva*).

L'epitelio olfattivo, l'organo propriamente detto, è formato da tre tipi di cellule. Le *cellule recettrici* o sensoriali, deputate alla trasduzione degli stimoli, sono neuroni veri e propri con una struttura bipolare, cellule cioè in cui il dendrite e l'assone si connettono direttamente al corpo cellulare, capaci quindi di ricevere e di condurre l'impulso nervoso. L'assone penetra direttamente nel sistema nervoso centrale e il dendrite si estende in direzione dell'epitelio, dove termina in un rigonfiamento detto *bottone olfattivo*, portatore delle *ciglia olfattive* su cui sono posizionati i recettori veri e propri. È la presenza delle ciglia a rendere possibile la percezione degli odori, ovverosia il contatto tra le molecole odorose e le cellule recettrici. Nell'uomo il loro numero complessivo (in entrambe le narici) oscilla tra i sei e i dieci milioni, superando quello di qualsiasi altra modalità sensoriale, a eccezione della vista, ma è di gran lunga inferiore rispetto a quello presente in altri mammiferi. Un cane, per esempio, ha una superficie epiteliale molto più estesa di quella umana (in alcuni cani supera i 170 centimetri quadrati) e ha in media 150 milioni di cellule recettrici – con variazioni notevoli a seconda della razza (in un cane pastore ce ne sono fino a 220 milioni) –, indici di un'acuità olfattiva nettamente superiore: ecco perché i cani vengono classificati tra gli animali *macrosmatici*, a differenza dell'uomo, annoverato tra i *microsmatici* (Bear *et al.* 2001: 271; Stoddart 1990: 35), forse impropriamente. Nonostante infatti le nostre capacità olfattive siano abbastanza limitate se raffrontate a quelle di molti altri mammiferi, siamo comunque in grado di percepire e di discernere l'odore di alcune migliaia di sostanze diverse. E siccome l'olfatto, particolarmente sensibile agli apprendimenti, si può sviluppare con l'esercizio, i nasi dei profumieri più allenati possono riuscire a distinguere fino a diecimila tipi diversi di sostanze odorose e quelli dei *sommeliers* professionisti sono in grado di avvertire differenze tra odori non percepibili dalla gente comune e di distinguere più di cento elementi gustativi originati dalla combinazione di sapori e di aromi.

I neuroni sensoriali olfattivi (terminazioni nervose del I nervo cranico, quello olfattivo) costituiscono il punto di maggior vicinanza del cervello con il mondo esterno. L'odorato sarebbe quindi la porzione più esteriorizzata del nostro cervello. Quest'esposizione diretta delle cellule olfattive all'aria esterna, se da un lato consente l'accesso immediato ai segnali olfattivi, dall'altro comporta il potenziale rischio d'ingresso al cervello di sostanze velenose o patogene come virus e batteri (rischio ridotto dalla fondamentale presenza di anticorpi nel muco che bagna le ciglia) e rende i neuroni olfattivi particolarmente vulnerabili. Ecco perché essi hanno un ciclo vitale molto breve, variabile dalle quattro alle otto settimane. Le cellule olfattive dell'epitelio e del bulbo sono infatti tra i pochissimi tipi di neuroni a godere del privilegio della neurogenesi permanente (insieme ai neuroni di una zona dell'ippocampo), sono soggette cioè a un ricambio continuo durante tutta la vita.

Questo compito rigenerativo è demandato alle *cellule basali* (situate nella parte inferiore dell'epitelio), una popolazione di cellule staminali, vale a dire ancora indifferenziate, in grado di creare nuove cellule recettrici per rimpiazzare quelle danneggiate. A proposito della straordinaria plasticità dell'odorato, è stato osservato che anche nei casi di asportazione del bulbo olfattivo, una parte essenziale e molto antica del cervello 'profumato', dopo un periodo di inattività le cellule recettive sono in grado di rigenerarsi, a condizione che non vengano recise le estremità sensoriali dell'epitelio olfattivo e che l'organo venga stimolato (cfr. gli studi citati in Vroon *et al.* 1994: 40-41). Non c'è da sorprendersi, se si pensa che dal punto di vista evolutivo le funzioni filogeneticamente più arcaiche sono più resistenti e in grado di sopportare meglio i danni.

Le *cellule di sostegno*, infine, insieme alle ghiandole di Bowman (organi secretori specializzati), favoriscono la produzione del *muco* e sembrerebbero contribuire anche alla produzione delle proteine in grado di legare sostanze odorose. Il muco in cui sono immerse le ciglia e nel quale si sciolgono gli odoranti prima di raggiungere i recettori è formato da acqua, da sali e da diverse sostanze proteiche quali anticorpi, enzimi, recettori delle sostanze odorose e proteine in grado di legarle. Tali componenti contribuiscono alla concentrazione degli odoranti e ai processi correlati con il loro smaltimento (la loro degradazione chimica), creando così un ambiente idoneo alla loro cattura e rilevazione, ovvero alla loro codifica. Una volta entrate nella cavità nasale e discioltesi nel muco, le sostanze odoranti volatili vengono riconosciute da recettori specifici situati nelle cilia e responsabili del processo di trasduzione del segnale olfattivo (la trasformazione degli stimoli in segnali elettrici, indispensabile per condurli fino al sistema nervoso dove vengono interpretati). La possibilità di discriminare migliaia di sostanze odorose diverse dipende dalla presenza di una grande varietà di recettori olfattivi (almeno un migliaio). Le dimensioni di questa famiglia di recettori e le loro specificità individuali non hanno eguali in nessun altro sistema biologico: da queste caratteristiche potrebbe dipendere la loro possibilità di riconoscere una vasta gamma di sostanze odoranti di dimensioni, forma e struttura funzionale diverse.

In una ricerca pubblicata nel 1991 e premiata con il Nobel per la medicina nel 2004, gli americani L. Buck e R. Axel hanno ricostruito tutta 'la strada degli odori', dalla superficie interna del naso fino alla corteccia cerebrale, e descritto la scoperta dei geni che controllano il meccanismo responsabile della percezione degli odori e la natura dei recettori olfattivi molecolari, cioè delle serrature biologiche capaci di catturarli. Si tratterebbe di una famiglia numerosissima, comprendente almeno 1000 geni differenti (il 3% di quelli di ciascun individuo) da cui avrebbero origine altrettanti recettori olfattivi situati sulle cellule dell'epitelio: nell'uomo sono all'incirca 350 (un numero comunque alto e variabile tra i vari gruppi etnici), cioè l'1% del genoma umano, nei ratti un migliaio e nei pesci un centinaio. Tutti i geni identificati dai due studiosi sovrintendono allo sviluppo e al controllo di altrettanti recettori olfattivi localizzati sulla superficie delle cellule recettrici.

Negli anni seguenti, in studi indipendenti, Axel e Buck hanno fatto luce sul funzionamento di queste strutture. Ogni cellula recettrice olfattiva (neurone) alloggiata nell'epitelio possiede solo un tipo di recettore e ciascuno di essi è in grado di intercettare un numero limitato di sostanze odorose: i dati elaborati da queste sentinelle biochimiche altamente specializzate nel riconoscere piccoli

La struttura dell'epitelio

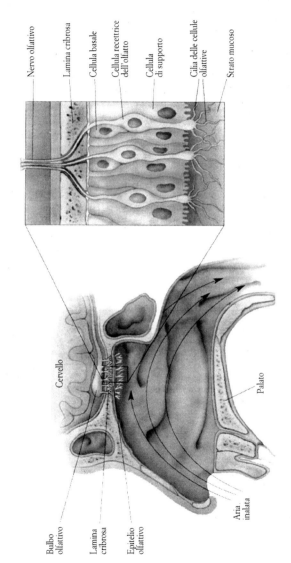

Nervo olfattivo
Lamina cribrosa
Cellula basale
Cellula recettrice dell'olfatto
Cellula di supporto
Ciglia delle cellule olfattive
Strato mucoso

Cervello

Palato

Aria inalata

Bulbo olfattivo
Lamina cribrosa
Epitelio olfattivo

[Bear *et al.* 2001: 271]

insiemi di odori vengono trasmessi ai glomeruli situati nei bulbi olfattivi, la prima stazione 'aromatica' del cervello. A loro volta, i bulbi smistano l'informazione ad altre strutture del cervello e della corteccia che ci permettono di vivere l'esperienza di un determinato odore. Quanto poi alla natura dei recettori, altro non sarebbero che proteine simili ai fotorecettori della retina. La grande novità di questo meccanismo è però la scoperta che ogni singolo recettore olfattivo (specializzato in un limitato gruppo di odori) è espressione di un singolo gene: così, i singoli odori sono in realtà miscugli complessi di segnali nervosi isolati, attivati dalle diverse molecole aromatiche che li compongono. Nell'uomo si ipotizza una capacità di discriminazione che oscilla tra 5000 e 10.000 odori differenti[1].

Ancora più recente è la scoperta, effettuata da un gruppo di ricercatori milanesi (Levi *et al.* 2003), di un gene connesso con i disturbi dell'olfatto e da cui dipende la possibilità di sentire gli odori. Il gene interessato, il Dlx5, sarebbe responsabile del trasferimento delle informazioni olfattive dal naso al cervello, attraverso l'azione di controllo esercitata sullo sviluppo dei prolungamenti delle cellule nervose dell'epitelio olfattivo. Esso, insomma, 'guiderebbe' il percorso degli assoni che dal naso arrivano al cervello. Il suo cattivo funzionamento nei topi impedisce, infatti, il collegamento naso-cervello. Ma questo gene non serve solo a riconoscere gli odori. La sua assenza nel genoma dell'embrione dei topi impedisce a un gruppetto di cellule nervose (normalmente provenienti dal naso) che presiedono a funzioni sessuali di migrare nell'ipotalamo: un'altra conferma biologica del legame tra olfatto e sessualità (cfr. *infra*, §§ 1.3 e 2.6).

Un fenomeno caratteristico dell'odorato in cui c'imbattiamo regolarmente è la saturazione, cioè la tendenza al-

---

[1] Cfr. Bear *et al.* 2001: 269-275; Buck 2000; Purves *et al.* 1997: 263-274; Zucco 1988: 19-31; Vroon *et al.* 1994: 31-53; Stoddart 1990: 34 sgg.; Engen 1982: 35 sgg.

l'*adattamento* o assuefazione. Tantissime volte nella vita di tutti i giorni, entrando in una pasticceria, in un panificio o in una casa, veniamo travolti da odori che di lì a pochi minuti non avvertiamo quasi più. In presenza di uno stimolo prolungato, senza alcuna interruzione, i recettori alloggiati nel nostro naso in un certo senso si 'abituano' all'odore, reagendo allo stimolo con intensità gradualmente inferiore: entro qualche minuto la sensibilità dell'olfatto a una sostanza odorosa può ridursi, senza scomparire del tutto, per la disconnessione dei recettori che non inviano più informazioni al cervello. I degustatori professionisti, infatti, tra una degustazione e l'altra si sciacquano la bocca con l'acqua per rinfrescare i loro recettori olfattivi e gustativi. Comune in una certa misura anche agli altri sensi, l'assuefazione nel caso dell'olfatto è particolarmente pronunciata. Diversi studi sperimentali hanno dimostrato che il fenomeno può esprimersi sia a livello periferico (legato alle proprietà dei recettori), sia a livello centrale. L'adattamento può assumere inoltre due forme: l'*auto-adattamento* – una riduzione della sensibilità conseguente a un'esposizione prolungata allo stimolo o alla sua ripetizione – e l'*adattamento incrociato* – una diminuzione della sensibilità dovuta alla presentazione di uno stimolo di natura diversa. La perdita di sensibilità può dipendere anche dall'*abituazione* della risposta olfattiva, un fenomeno diverso da quello precedente ma ad esso correlato: in tal caso la diminuzione o la scomparsa della risposta a un nuovo stimolo è legata a fattori psicologici come l'attenzione. L'odore di una casa, ad esempio, rappresenta una novità per chi lo sente per la prima volta, ma colui che ci vive può non avvertirlo per il semplice fatto che non prestandovi più attenzione è come se non lo percepisse. Un po' come succede con l'udito: dopo qualche tempo ci abituiamo al ticchettio della sveglia in una stanza e non vi facciamo più caso (Engen 1982: 73-87; Holley 1999: 88-90; Brand 2001: 61).

I recettori sensoriali alloggiati nella cavità nasale non sono però gli unici responsabili delle sensazioni odorose, dovute in parte anche all'azione del *nervo trigemino* le cui terminazioni libere arrivano nella mucosa olfattiva. Questo nervo, che presiede soprattutto alle 'sensazioni' del viso (termiche e tattili), nei mammiferi reagisce anche a sostanze chimiche irritanti o pungenti come l'ammoniaca e il peperoncino, fresche, calde o acri come la menta, l'alcol etilico e l'aceto. Le persone con un apparato olfattivo danneggiato, pur avendo perso parzialmente o totalmente la capacità di percepire le fragranze, di solito sono in grado di sentire l'odore pungente dell'ammoniaca o della trementina. Gli studi sull'olfatto in genere non attribuiscono grande importanza alla funzione del sistema trigeminale e ne sottovalutano l'interazione con i recettori olfattivi nella percezione di sostanze dannose o irritanti, come il diossido di carbonio, l'alcol, la trementina, l'ammoniaca, il tabacco e molte spezie (zenzero, curry, pepe). Per l'uomo è difficile distinguere le sensazioni provenienti dai due diversi tipi di recettori chimici. Inoltre i due sistemi a volte si inibiscono al punto che una sostanza odorosa può mascherare una sostanza irritante e viceversa (Engen 1982: 38). La sensibilità dell'organo olfattivo specialmente a concentrazioni molto basse di sostanze odorose lascia pensare che in presenza di uno stimolo molto intenso il trigemino subentri all'olfatto vero e proprio avvistando, come una sentinella, le sostanze aggressive che gli causano dolore o irritazione. Per di più, la sua interazione con il sistema principale può essere un fattore determinante per spiegare le differenze olfattive tra i sessi, tra persone di età differenti, tra fumatori e non fumatori (Vroon *et al.* 1994: 50-51).

Oltre alla via olfattiva principale, le cavità nasali della maggior parte dei mammiferi contengono una via parallela con funzioni di sistema olfattivo accessorio: l'*organo vomeronasale* (con il bulbo olfattivo accessorio), detto anche organo di Jacobson dal nome del medico e anatomista danese tra i primi a interessarsene e a fornirne una descrizione nel 1813. Localizzato nella parte anteriore della cavità nasale, al di sopra del palato duro, quest'organo particolare (più piccolo dell'organo olfattivo) per molto tempo, e a torto, è stato considerato una sorta di complemento rudimentale dell'olfatto. L'importanza della sua funzione nei roditori, negli erbivori e nei carnivori, soprattutto nella regolazione dei comportamenti sessuali, è legata alla trasmissione di segnali sprigionati da sostanze odorose poco o per nulla volatili. Nonostante la struttura generale dell'organo vomeronasale ricordi quella dell'organo olfattivo, e benché funzionino in parallelo, le loro modalità d'accesso all'universo chimico sono diverse: le cellule recettrici dei due organi hanno proprietà differenti e i circuiti cerebrali che utilizzano sono autonomi (nervi vomeronasali e bulbi olfattivi accessori). I neuroni dell'epitelio olfattivo principale proiettano i segnali ai centri superiori della corteccia olfattiva, mentre quelli dell'organo vomeronasale convergono verso il bulbo olfattivo accessorio che trasmette le sue informazioni all'ipotalamo, stimolando così aree del cervello che sollecitano reazioni istintive ed emotive. Le loro informazioni tuttavia si integrano convergendo verso il nucleo corticale postero-mediale dell'amigdala. Esperimenti effettuati sui criceti – animali il cui accoppiamento è fortemente controllato da segnali odorosi – forniscono una prova di questo scambio di informazioni: se si asportano i bulbi olfattivi principali e quelli accessori, interrompendo le informazioni provenienti dai due sistemi, l'accoppiamento non si realizza e per di più nelle femmine si riscontra anche una degenerazione dell'utero (Stoddart 1990: 43-44; Vroon *et al.* 1994: 52-53; Buck 2000: 626; Brand 2001: 44). Già da qualche anno si conosce l'importanza di questo 'naso sessuale' per la regolazione dei comportamenti sociali e/o d'accoppiamento nel mondo animale, ma il suo funzionamento non è ancora molto chiaro. Grazie alla sua posizione avanzata nel palato, l'organo vomeronasale permette all'animale di entrare a diretto contatto con gli umori prodotti dai suoi simili, di analizzare cioè urina e secrezioni ghiandolari specializzate, portatrici di informazioni utili sullo stato fisiologico dell'animale che le ha prodotte. A differenza dell'organo olfattivo, esso si rivela eminentemente un senso 'di contatto': consente l'accesso alle molecole non volatili, le uniche a stimolarlo, ed è perciò deputato alla percezione dei *feromoni*, sostanze chimiche liberate nell'ambiente da numerose specie animali (dagli insetti ai mammiferi) con funzione di segnali comunicativi in grado di influenzare il comportamento sessuale, sociale e riproduttivo dei cospecifici (cfr. *infra*, § 2.3).

Dal punto di vista filogenetico si differenzia chiaramente nei batraci più evoluti (anfibi) e ancora di più nei rettili e nei serpenti, mentre risulta assente negli uccelli. Nei roditori questa struttura è ben sviluppata e pare venga stimolata da sostanze sessualmente attive che raggiungono l'organo quando il maschio esplora direttamente i genitali della femmina. Nei maschi di criceti e di topi sessualmente inesperti l'asportazione sperimentale dell'organo vomeronasale impedisce l'accoppiamento, e anche le femmine private di quest'organo manifestano un'alterazione del comportamento sessuale (Holley 1999: 34-35). Nei cavalli e nei cervi l'ingresso dell'organo vomeronasale viene esibito mediante un movimento di reazione, una sorta di smorfia (detta 'flehmen', dal tedesco: fare le boccacce), prodotta dal sollevamento del labbro e della mandibola superiore, attraverso la quale il maschio esplora l'urina della femmina per valutarne la disposizione all'accoppiamento (Smith, Shepherd 1999: 808-809). Gli adulti dei primati superiori non hanno quest'organo accessorio, mentre nell'uomo esso è presente nella fase embrionale ma degenera dopo pochi mesi, fino a scomparire: così nel bambino e nell'adulto umano è considerato assente o comunque rudimentale. Da qualche anno però la sua funzionalità nell'uomo (confermata da studi anatomici ed elettrofisiologici) è al centro della controversa questione dell'esistenza o meno di feromoni umani e dell'accertamento del loro valore semiotico, e pone pertanto interro-

La struttura di un bulbo olfattivo

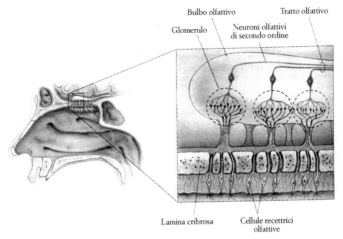

[Bear *et al.* 2001: 276]

gativi sul suo ruolo di rivelatore chimico nella nostra vita sessuale e nella scelta del partner (cfr. *infra*, § 2.3)[2].

Negli esseri umani le informazioni olfattive vengono poi trasmesse dal naso fino ai *bulbi olfattivi* attraverso gli assoni, passando per la *lamina cribrosa*, un sottile strato osseo poroso che fa parte del cranio. Gli assoni olfattivi, tra i più sottili di tutto il corpo e privi di mielina (il rivestimento che rende più rapida la trasmissione del segnale elettrico tra un neurone e l'altro), nell'insieme costituiscono il *nervo olfattivo*. La loro fragilità li rende particolarmente vulnerabili: in seguito a un forte trauma cranico, per esempio, possono spezzarsi e causare un'anosmia, cioè una perdita della sensibilità agli odori. I bulbi olfattivi sono due complesse organizzazioni nervose (situate a diret-

[2] Cfr. Holley 1999: 32-37; Vroon *et al.* 1994: 52-53; Engen 1982: 39; Brand 2001: 45; Berliner *et al.* 1996.

to contatto con la porzione inferiore dei lobi frontali del cervello) – contenenti alcune migliaia di neuroni olfattivi di secondo ordine – ciascuna delle quali raccoglie le informazioni provenienti da circa 25.000 recettori in strutture di forma sferica dette *glomeruli*. Queste formazioni, specifiche del sistema olfattivo, differenziano nettamente l'anatomia dell'odorato da quella degli altri sistemi sensoriali. Le informazioni che vi giungono vengono elaborate e modificate da una ricca rete di connessioni sinaptiche reciproche tra i glomeruli di ciascun bulbo e, attraverso il nucleo olfattivo, fra entrambi i bulbi olfattivi. I bulbi inoltre possono essere influenzati anche da altre aree del cervello con cui sono interconnessi. La funzione di un sistema di circuiti così sofisticato, dove sono presenti peraltro elevate concentrazioni di neurotrasmettitori atipici, resta in gran parte un mistero. Presenti già negli insetti, i bulbi olfattivi sono strutture filogeneticamente molto antiche. Man mano però che saliamo nella scala biologica sono sempre più ridimensionati. Risultano molto estesi nei pesci, un po' meno nei rettili, per ridursi progressivamente negli uccelli e ancora di più nei mammiferi, e costituiscono la parte terminale allargata di quel prolungamento della porzione anteriore degli emisferi cerebrali costituito dai lobi olfattivi. Con i bulbi olfattivi siamo già nel 'cervello profumato', una delle componenti più arcaiche del nostro encefalo, ereditata dalle prime creature marine (Bear *et al.* 2001: 275-278; Zucco 1988: 23-28; Engen 1982: 42-44).

1.2. *Il cervello profumato*

Tanto nella storia filogenetica, quanto in quella ontogenetica, l'odorato si distingue per il suo precoce insediamento nel cervello. Nel corso dell'evoluzione, la struttura dell'encefalo si sarebbe sviluppata da una sorta di 'tubo' chiuso a un'estremità attorno a cui si sono progressivamente sovrapposti protuberanze e strati, primi fra tutti i lobi olfattivi dei pesci. Altrettanto prematuramente, nell'embrione umano i recettori olfattivi primari e i bulbi olfattivi appaiono differenziati già tra l'8ª e l'11ª settimana. Il termine *rinencefalo* etichetta quell'insieme di strutture cerebrali dedicate all'analisi e all'elaborazione dei segnali olfattivi e al loro collegamento con altre informazioni. Nei primati superiori e ancora di più nell'uomo, le aree del cervello profumato nel corso della filogenesi diventano progressivamente meno rilevanti sia dal punto di vista fisico, sia da quello comportamentale: l'aumento del volume dell'encefalo determina una diminuzione proporzionale del volume dei bulbi olfattivi, la mucosa olfattiva si ritrae sino ai solchi più alti della cavità nasale, il naso diventa secco e si riduce anche la funzionalità dell'organo vomeronasale (Stoddart 1990: 265 sgg.). Il cervello olfattivo si ridimensiona a favore di quello visivo per essere più funzionale al passaggio da uno stile di vita notturno, tipico delle proscimmie, allo stile di vita diurno assunto dagli antenati dell'uomo quando abbandonarono l'oscurità delle foreste, dove la sopravvivenza dipendeva prevalentemente dalla capacità di annusare. Lo sviluppo della neocorteccia, con centri cognitivi acustici e visivi ben sviluppati, avrebbe liberato gli animali umani dalla dipendenza dalla comunicazione chimica. Se negli insettivori i bulbi olfattivi occupano l'8,88% circa del volume totale dell'encefalo, negli esseri umani interessano circa lo 0,01% e nelle scimmie superiori circa lo 0,07% (ivi: 32). Al progressivo sviluppo dell'encefalo e delle funzioni cognitive superiori corrisponde quindi una minore necessità di ricorrere all'olfatto per la sopravvivenza. Ma l'evidente ridimensionamento anatomico delle strutture olfattive nelle scimmie superiori e il conseguente primato della vista e dell'udito non hanno diminuito l'importanza dell'odorato nei primati, uomo compreso. Esso è sufficiente a garantirci informazioni utili sulla qualità del cibo e delle bevande, sul gusto, sulla presenza di sostanze nocive, sulla compatibilità di un partner, e poi ancora per stabilire le nostre attrazioni e i nostri disgusti, le nostre simpatie e antipatie. L'integrità del cervello olfattivo assicura inoltre il normale funzionamento della fisiologia riproduttiva e il piacere sessuale (cfr. *infra*, §§ 1.3 e 2.6).

Il rinencefalo è costituito dai bulbi olfattivi e da una porzione di corteccia, la *corteccia olfattiva*, che riceve proiezioni dirette dai bulbi. Il bulbo olfattivo è direttamente connesso con il nervo omonimo e sotto il profilo funzionale rappresenta l'equivalente olfattivo della retina. Gli assoni efferenti dal bulbo vanno a formare il *tratto olfattivo* e attraverso questo s'immettono direttamente nelle regioni della corteccia odorante. Da qui l'informazione passa al talamo, per giungere finalmente alla neocorteccia dove i suoi collegamenti sono più scarsi. L'anatomia dell'odorato presenta un tratto di unicità: diversamente da tutti gli altri sistemi sensoriali, che prima di finire nella corteccia cerebrale (aree sensoriali primarie) passano dal talamo ('porta d'ingresso' alla corteccia di tutte le modalità sensoriali, dove vengono filtrate ed elaborate le informazioni più rilevanti da inviare alle aree sensoriali primarie) per un'analisi preliminare, i suoi neuroni si collegano direttamente e in modo più immediato con le regioni corticali primarie coinvolte con i comportamenti emotivi e con alcune funzioni vitali, e solo da qui trasmettono le informazioni al talamo e poi alla neocorteccia. Questa peculiarità anatomica delle vie olfattive centrali è una conseguenza della loro preesistenza filogenetica al talamo. 'Entrando nella testa' in maniera quasi diretta, gli odori sono meno soggetti al controllo razionale: ecco perché provocano spesso reazioni istintive. L'accesso privilegiato dell'olfatto (molto più diretto e potente rispetto agli altri sistemi sensoriali) al sistema limbico – la parte del cervello che controlla le nostre emozioni – fa sì che la percezione di un odore scateni in noi soprattutto reazioni emotive, ricordi sommersi e risposte immediate, piuttosto che tentativi di elaborarlo e di definirlo. A causa delle molteplici diramazioni e connessioni con altre strutture del cervello, il per-

Le vie olfattive centrali

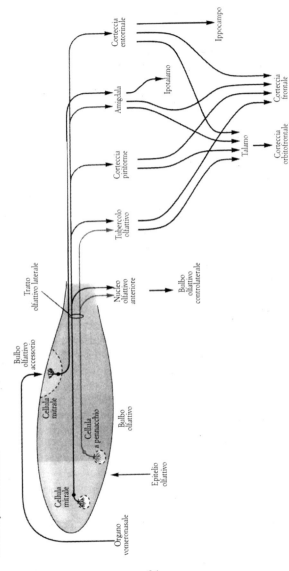

[Buck 2000: 626]

21

corso seguito dagli stimoli olfattivi una volta giunti alla corteccia è molto difficile da descrivere: addirittura sarebbe forse più facile elencare le porzioni dell'encefalo non raggiunte dalle proiezioni olfattive, diversamente dalla vista e dall'udito che hanno invece una localizzazione più precisa. La corteccia olfattiva primaria comprende, infatti, un gruppo eterogeneo di strutture: il nucleo olfattivo anteriore, il tubercolo olfattivo, varie regioni della corteccia e altre aree corticali del lobo inferotemporale (corteccia piriforme, o paleocorteccia olfattiva – situata al limite tra il lobo frontale e quello temporale –, corteccia orbitofrontale e corteccia entorinale), il talamo e ampie zone del sistema limbico come l'amigdala, l'ippocampo e l'ipotalamo. È dunque comprensibile come la percezione di sostanze odorose possa influenzare comportamenti razionali ed emotivi.

Gran parte delle strutture della corteccia olfattiva appartiene, come s'è già detto, al sistema limbico o «cervello viscerale» (MacLean 1949), uno degli strati più profondi e più antichi dell'encefalo deputato al controllo della vita emotiva, di quella sessuale e di alcuni bisogni primari (fame, sete, temperatura, sonno), nonché coinvolto in processi di apprendimento e di memorizzazione tipicamente umani connessi con le emozioni. Il legame privilegiato del naso con lo strato più arcaico del cervello non va interpretato come un segno della sua scarsa importanza o della sua animalità, quanto piuttosto della sua indispensabilità: il cervello viscerale ci garantisce la sopravvivenza, senza cui non potremmo certo fare uso delle parti evolutivamente più recenti dell'encefalo grazie alle quali elaboriamo le informazioni, e la sua porzione 'profumata' interviene in numerosi percorsi paralleli che controllano funzioni olfattive diverse, consapevoli e inconsapevoli (dalla percezione e discriminazione degli odori ai loro effetti sulle emozioni, sulla memoria e sulla sessualità). Le vie seguite dalle cellule sensoriali poste più in profondità, quelle rinencefalico-limbiche che conducono all'amigdala e all'ipotalamo, medierebbero gli aspetti emotivi e motivazionali dell'olfatto e molte delle risposte fisiologiche e comportamentali connesse agli odori, mentre le vie afferenti che vanno dal talamo alla neocorteccia (corteccia orbitofrontale e corteccia frontale) sarebbero responsabili della percezione cosciente degli odori, della loro discriminazione e della loro verbalizzazione. È nota, del resto, la perdita della capacità di distinguere odori diversi in soggetti con lesioni della corteccia orbitofrontale, ed è del pari nota da studi di risonanza magnetica funzionale (RMf) l'attivazione di quest'area – oltre alla corteccia piriforme – in presenza di stimoli odorosi (Buck 2000: 625; Bear *et al.* 2001: 276; Rolls 2003).

Solo una porzione delle informazioni olfattive, quelle veicolate dai neuroni superficiali che raggiungono il tubercolo olfattivo, segue la via tipica delle informazioni sensoriali: prosegue verso il talamo e viene poi ritrasmessa alla corteccia orbitofrontale. Quest'area della neocorteccia anteriore, oltre a ricevere molti input dalla corteccia olfattiva primaria, è collegata con diverse modalità sensoriali, in particolare con il gusto, ed è connessa molto strettamente con l'amigdala. Qui, per l'appunto, si integrano le informazioni provenienti da sensi diversi relativamente agli stimoli del cibo e si originano i giudizi di gradevolezza sull'odore e sul sapore di un alimento o di una bevanda. Cosicché, quando mangiamo o beviamo del vino la corteccia orbitofrontale, coinvolta primariamente nell'analisi del cibo, reintegra le informazioni in precedenza dissociate provenienti dall'odore, dal gusto, dalla vista, dalla consistenza dell'alimento e dalla temperatura, per fornirci la complessa sensazione del sapore (su questo punto cfr. Rolls 2003 e Price 2003). Nella neocorteccia gli odori esercitano il loro potere soprattutto sull'emisfero destro, l'emisfero maggiormente coinvolto con le emozioni e con i comportamenti ad esse legati (per esempio la reazione di fuga) e sede prevalente dell'identificazione e dell'elaborazione dei segnali olfattivi. Studi diversi condotti con la

PET (tomografia a emissione di positroni) e con la RMf hanno mostrato un'attivazione predominante della corteccia orbitofrontale destra durante compiti di percezione di odori familiari e gradevoli. Quest'asimmetria dell'area orbitofrontale nel trattamento degli odori potrebbe dipendere, almeno in parte, dalla valenza edonistica dello stimolo. Altri esperimenti effettuati con la tecnica dei potenziali evocati hanno rilevato, inoltre, un segnale elettrico più ampio nell'emisfero destro in presenza di odori sgradevoli, laddove invece la risposta elettrica è maggiore nel caso di odori piacevoli (vanillina, rosa) presentati alla narice sinistra. Nonostante il carattere preliminare di questi dati, il ricorso a metodi d'indagine differenti sembrerebbe comunque avvalorare l'ipotesi di una lateralizzazione dell'attivazione cerebrale nel trattamento della valenza emotiva degli odori. Ma la netta superiorità dell'emisfero destro in compiti di elaborazione olfattiva emerge anche da studi su soggetti cerebrolesi o lobotomizzati: l'identificazione, il riconoscimento e la memoria degli odori risultano alterati soprattutto nei pazienti che hanno subito un'ablazione del lobo temporale destro e in coloro che riportano una lesione orbitofrontale destra (la principale zona olfattiva della neocorteccia) o della corteccia temporale anteriore (nel caso di disturbi della memoria olfattiva), con conseguenze negative per la stimolazione di entrambe le narici (Brand 2001: 40-43; Buck 2000: 625; Holley 2004: 53-57; 1999: 185-191, 207; Herz *et al.* 1999; Jones-Gotman, Zatorre 1993; Zucco 1988: 89-94; Zucco, Finotti 1989).

Ricerche condotte da H.W. Gordon e R.W. Sperry nel 1969 su pazienti ai quali era stato reciso il corpo calloso per ridurre le crisi epilettiche fornivano già allora dati interessanti sul ruolo delle aree cerebrali nel trattamento dell'informazione olfattiva: i pazienti riuscivano a denominare prontamente solo odori presentati alla narice sinistra e tuttavia sapevano identificare accuratamente con modalità non verbali gli odori inalati con la narice destra, indicando l'oggetto o la sostanza associata all'odore. Per esempio, dopo aver annusato l'essenza di limone con la narice destra non sapevano denominare quell'odore, ma puntavano il dito verso un limone. Successivamente, M.S. Gazzaniga *et al.* (1975) hanno descritto un caso simile di anomia olfattiva in un paziente sottoposto a commissurotomia completa. In tutti questi casi viene a mancare la connessione interemisferica necessaria a trasferire il risultato del riconoscimento effettuato dalla corteccia olfattiva destra (si ricordi che il trattamento dell'informazione olfattiva è ipsilaterale) alle aree del linguaggio, nell'emisfero sinistro, per consentirne la denominazione. Altre evidenze empiriche non escludono che la commessura anteriore sia la via principale per il trasferimento interemisferico delle informazioni olfattive: la sua integrità in soggetti che hanno subìto una resezione completa del corpo calloso e della commessura ippocampale permette ancora di denominare gli odori percepiti con la narice destra. Ciò non toglie l'esistenza di altre possibili vie per il trasferimento interemisferico delle informazioni olfattive (Berlucchi, Aglioti 1996: 869-870).

1.3. *Olfatto e patologia*

Meno noti di quelli uditivi e visivi, i deficit olfattivi non godono di grande attenzione e spesso la loro esistenza è ignorata persino da coloro che ne soffrono. Come accade per gli altri sensi, anche le turbe dell'olfatto possono andare da una diminuzione dell'acutezza fino alla perdita totale. Tuttavia, nascere privi dell'odorato, cioè anosmici, è un'evenienza piuttosto rara se paragonata ai casi di sordità e di cecità congenite. E se la sordità e la cecità hanno una dimensione sociale, di drammaticità, legata alle difficoltà di comunicazione con l'esterno causate dall'isolamento sensoriale, l'anosmia è piuttosto una patologia che agisce soprattutto sul vissuto personale: perdere il piacere olfattivo, infatti, non ha conseguenze sociali ma prevalentemente soggettive.

In genere i disturbi olfattivi sopraggiungono nel corso della vita e possono avere un'origine periferica o un'origine centrale. Se la perdita non è bilaterale e completa è anche possibile non rendersi conto di avere un deficit dell'odorato. Chi ne è affetto non può deliziarsi di odori piacevoli, non si accorge se un cibo è avariato (incorrendo in intossicazioni alimentari), perde il piacere di gustare gli alimenti (il gusto è prevalentemente il risultato della stimolazione del nervo olfattivo), non sente se qualcosa sta bruciando o se c'è una fuga di gas. Costretto a vivere in un mondo inodore e insapore ed esposto a numerosi pericoli, perde in parte il gusto e il piacere della vita, la possibilità di godere del profumo della persona amata e del sapore dei cibi e dei vini. Per contro, nei casi di ipersensibilità olfattiva il soggetto può provare fastidio e accusare grande malessere per gli odori più comuni (dai detersivi ai gas di scarico delle vetture, al legno dei mobili, agli odori da cucina, a tutti i profumi penetranti), percepiti in modo eccessivo al punto da risultare talora insopportabili. Ma, al di là dell'aspetto clinico, più di tutto ci preme sottolineare il significato e l'incidenza esistenziale di questa perdita sensoriale. Sebbene le persone con turbe olfattive non vengano riconosciute invalide, la qualità della loro vita diminuisce notevolmente, e non solo nell'ambito alimentare. Non è difficile pertanto che i disturbi olfattivi, influenzando negativamente l'amore per la vita, causino ansia, perdita d'appetito, depressione – oltre a prostrazione fisica, cefalea, nausea e vertigini –, disturbi insomma di natura neuro e psicologica, e soprattutto un calo generale dell'*élan vital*. Non a caso, nel trattamento di pazienti con problemi di odorato si ritiene indispensabile un supporto psicoterapico ed è frequente il ricorso a terapie farmacologiche antistress e antidepressive.

Le turbe di origine centrale non sono specifiche dell'olfatto e in genere si riscontrano in alcune malattie insieme ad altri disturbi più generali e più gravi. Possono essere patologie nervose, neurodegenerative o psichiche. Chi soffre di schizofrenia o di altre forme di psicosi presenta un'alterazione della capacità olfattiva: ha difficoltà a identificare gli odori, per esempio scambia l'odore di pizza con quello di un'arancia (*disosmia*), e può presentare allucinazioni olfattive (*fantosmia*), cioè sensazioni olfattive in assenza di stimoli odorosi. Fino a qualche anno fa non si sapeva se questi deficit anticipassero i sintomi della malattia o ne fossero una conseguenza, oggi invece sembra assodato che precedano i sintomi più importanti. Di recente, un gruppo di ricercatori australiani (Brewer *et al.* 2003) ha scoperto che i deficit di identificazione olfattiva nei pazienti considerati ad alto rischio di psicosi si manifestano prima della comparsa di qualsiasi altro sintomo mentale: già nella fase iniziale, la schizofrenia provocherebbe problemi in aree del cervello collegate all'olfatto. In tali casi non si può escludere l'esistenza di un nesso tra la compromissione dell'odorato e quella della sfera emotiva, e quindi di un danno nel percorso che connette i centri emozionali del cervello con l'area linguistica nel lobo frontale (coinvolto nell'identificazione di un odore) oppure in quest'ultimo. Ciò lascia sperare che l'elaborazione di un test dell'olfatto possa consentire in futuro una diagnosi precoce e quindi una cura tempestiva dei pazienti schizofrenici. Anche nei tumori cerebrali e nelle epilessie croniche possono manifestarsi *iperosmia* (ipersensibilità agli odori), *cacosmia* (percezione molto sgradevole degli odori gradevoli) e *allucinazioni olfattive.* Nell'epilessia le allucinazioni olfattive spesso annunciano l'inizio di una crisi, talvolta scatenata da particolari odori, e la loro presenza indica che alcune delle aree cerebrali attivate in modo anomalo dalla crisi sono dedicate proprio all'olfatto. Nei malati colpiti dal morbo di Alzheimer i primi disturbi cognitivi sono segnalati proprio da una precoce difficoltà a identificare gli odori – che tuttavia non progredisce con l'evolversi della malattia – e sono presenti altresì gravi anomalie a carico del bulbo olfattivo e di altre regioni del cervello profumato (amigdala e ippocampo). In questi pazienti le aree olfattive sono più danneggiate delle aree dedicate alla visione e alla sensibilità generale. E, trattandosi di una patologia della memoria, non è sorprendente la difficoltà a distinguere gli odori, visto che per identificarli è necessario rievocarne i nomi. D'altro canto, nonostante i processi degenerativi rispettino la legge d'inversione salvaguardando gli strati più antichi del cervello, di recente si è ipotizzato che proprio una degenerazione – seppur modesta – del rinencefalo possa rappresentare un passo importante per lo sviluppo della demenza. Disturbi della percezione e della memoria olfattiva si possono riscontrare ancora in altre malattie degenerative, come la sclerosi multipla, la sclerosi a placche, il morbo di Parkinson, la malattia di Huntington o la sindrome di Korsakov – e in qualche caso non si esclude la presenza di danni nel sistema limbico (Holley 1999: 205-206; Vroon *et al.* 1994: 208, 211; Zucco *et al.* 1991). Nei parkinsoniani, come nei malati di Alzheimer, la percezione olfattiva risulta più colpita delle altre modalità sensoriali e in modo precoce rispetto all'evoluzione del processo degenerativo. Non è escluso che l'ingresso nella cavità nasale di virus e di tossine, veicolati dai nervi olfattivi fino al cervello, sia la causa di alcune di queste malattie neurodegenerative (Getchell *et al.*, eds., 1991).

Fra le turbe periferiche, e quindi specifiche dell'olfatto, vi è l'*anosmia congenita generalizzata*, cioè la totale incapacità di percepire gli odori. La sua incidenza però è molto bassa rispetto ai frequenti e più comuni casi di anosmia innata limitata a odori specifici. Chi ne è affetto presenta una riduzione o una perdita della sensibilità solo per taluni odori o gruppi di odori. Alcune di queste *anosmie specifiche* o parziali, dovute presumibilmente all'assenza di recettori specifici – causata dall'alterazione o dalla mancanza del gene per un tipo di molecola sensoriale – sono abbastanza comuni in una percentuale che oscilla tra l'1 e il 20% della popolazione. Una delle cause più frequenti di anosmia congenita è di tipo ereditario e viene associata all'ipogonadismo ipogonadotropico, o sindrome di Kallmann, un'anomalia ormonale che colpisce soprattutto gli uomini. Si tratta di una malattia genetica abbastanza rara caratterizzata da uno sviluppo ritardato dei genitali durante la pubertà, da assenza di barba e di peluria ascellare (e inoltre da mancanza d'interesse e di eccitabilità sessuali), e ancora più rara nelle donne che presentano invece seni poco sviluppati, scarsa peluria pelvica e assenza di mestruazioni. La sua peculiarità è l'associazione dell'anosmia con l'iposviluppo delle ghiandole sessuali, un'associazione che rileva l'alleanza privilegiata tra naso e sessualità.

Ma i disturbi della percezione olfattiva possono essere anche acquisiti: in seguito a traumi cranici, ad affezioni nasali e sinusali (riniti, sinusiti, allergie) che infiammano la mucosa olfattiva o ad infezioni virali delle vie respiratorie superiori (raffreddore, influenza, herpes) che possono distruggere un gran numero di cellule recettrici. Nei disordini olfattivi acquisiti, le *anosmie* (totali o specifiche), l'*iposmia* (riduzione generale della capacità olfattiva), l'*iperosmia* (ipersensibilità ad alcuni o a tutti gli odori), la *disosmia* (percezione distorta o cangiante di un odore in presenza di un fattore odorante: per esempio, sentire il profumo di fiori al posto di quello del cioccolato) e l'*agnosia* (impossibilità a identificare l'odore percepito) vengono classificate tra i disturbi quantitativi; la *cacosmia*, la *parosmia* (una perversione della percezione olfattiva per cui le caratteristiche di un odore cambiano regolarmente) e la *fantosmia* (allucinazioni olfattive in cui vengono percepiti soprattutto odori sgradevoli) sono classificate invece tra i disturbi qualitativi. In genere i danni riguardanti i recettori o le fibre del nervo olfattivo determinano una riduzione più che un'abolizione della capacità olfattiva, poiché l'integrità delle vie accessorie (come le terminazioni del nervo trigeminale e di quello orofaringeo) permette ancora la discriminazione di alcuni odori. L'anosmia conseguente a traumi cranici è più spesso causata da lacerazioni delle fibre del nervo olfattivo (costituito da assoni sottilissimi) nella lamina cribrosa: un danno che impedisce il trasferimento delle informazioni dai neurorecettori dell'epitelio olfattivo al cervello. Anche se qualsiasi colpo alla testa può provocare un'anosmia, in genere la zona occipitale è la più fragile. Nell'immediato, il soggetto può non presentare alcun sintomo e accorgersi del problema quando si mette a tavola e non riesce più a percepire l'odore e il sapore degli alimenti. Gli effetti già considerevoli sulla gradevolezza dei cibi, sulle abitudini alimentari e ovviamente sull'umore possono essere ancora più gravi nei casi in cui all'alterazione o alla perdita dell'olfatto si associa l'*ipogeusia*, una diminuzione delle capacità gustative dovuta a lesione del VII nervo cranico (quello facciale, responsabile dei movimenti del viso e funzionale anche al gusto).

Se tutti i collegamenti sono stati recisi l'anosmia diventa permanente: il mancato accesso delle informazioni olfattive determina dopo qualche tempo la morte dei neuroni del rinencefalo. Nel 40% dei casi i pazienti hanno dei miglioramenti, ma le probabilità di recupero dipendono dalla gravità del trauma, valutata dalla durata dell'amnesia conseguente. Gli effetti irreversibili osservati in un numero elevato di anosmie o iposmie virali e/o traumatiche fanno pensare che la capacità di rigenerazione dei neurorecettori olfattivi umani, e quindi l'efficacia riparatrice di questa neurogenesi, non sia sistematica come quella osservata in altri mammiferi, inclusi i primati non umani (Buck 2000: 627; Holley 1999: 208-213; Stoddart 1990: 46-48; Vroon *et al.* 1994: 195-210; Engen 1982: 89-102). Ma i risultati di biopsie della mucosa olfattiva in soggetti divenuti anosmici a seguito di traumi lasciano ipotizzare che la neurogenesi dei recettori sia avvenuta e che questi tuttavia abbiano avuto difficoltà a trovare la strada che li conduce ai bulbi olfattivi attraverso i fori della lamina cribrosa. Nelle anosmie di origine virale, invece, le biopsie hanno rilevato una degenerazione quasi completa delle cellule recettrici (Holley 1999: 211-212; 2004: 55).

Anche l'assunzione di farmaci (per esempio alcuni antidepressivi) può inibire la generazione di nuove cellule sensoriali nell'epitelio olfattivo e compromettere irrimediabilmente o temporaneamente l'odorato. E droghe come la cocaina o le anfetamine, o ancora un'insufficienza surrenale corticale (morbo di Addison), possono causare forme di iperosmia dove la sensibilità agli odori può essere fino a 100.000 volte superiore a quella di un soggetto sano. Citiamo al riguardo il curioso e interessante caso clinico – descritto dal neuroscienziato O. Sacks (1985) – di un giovane studente di medicina che in seguito all'uso di cocaina e soprattutto di anfetamine accusa una forma di iperosmia temporanea che lo fa vivere con la sensazione di avere 'un cane sotto la pelle'. Quest'esaltazione olfattiva trasforma tutto il suo modo di essere, lo porta ad attribuire nuovi significati alla realtà circostante e alle varie esperienze e a sviluppare un nuovo criterio di giudizio, guidato dall'infallibile concretezza e immediatezza del suo olfatto ancor più che dalle capacità di astrazione e di riflessione. Il mondo in cui il giovane studente visse per tre settimane, quando questa strana avventura ebbe fine, era vivido e reale, «ricco di significato immediato» e «di una concretezza travolgente» (Sacks 1985: 210-211), cosa di cui egli ebbe consapevolezza solo quando tornò alla normalità:

Ora so che cosa perdiamo ad essere degli esseri umani civili. Abbiamo bisogno anche dell'altro elemento, il 'primitivo' [...]. Quel mondo olfattivo [...] era come un altro mondo, un mondo pieno di pura percezione, ricco, vivo, autosufficiente e pieno. Cosa darei per ritornare ogni tanto ad essere un cane! (*ibid.*)

Ancora più delle condizioni di normalità, le patologie dell'olfatto consentono di prendere piena consapevolezza della quantità di occasioni della vita quotidiana in cui ci confrontiamo con esperienze olfattive e della loro importanza per la qualità e per lo stile della nostra esistenza. I casi in cui un disordine olfattivo, anche quando è reversibile, viene vissuto come un'esperienza negativa sono indubbiamente più frequenti. Un matematico trentatreenne, dopo un incidente in cui fu colpito alla testa, riportò un'anosmia che impoverì irreversibilmente la sua vita: «mi sento vuoto, vivo in una specie di limbo», rivelò a un giornalista (citato in Ackerman 1990: 43). La vita può diventare complicata a tutti i livelli, rendendo impossibili, in certi casi, persino le più piccole azioni quotidiane: andare in automobile o in autobus, dormire tra le lenzuola fresche di bucato o vicino ai mobili, sfogliare un giornale, stare ai fornelli. Quello che è accaduto, per l'appunto, a una donna di 44 anni, medico, improvvisamente colpita da anosmia-iperosmia, con ipoageusia (perdita parziale del gusto), dopo aver inalato accidentalmente polveri impregnate di nafta. Il suo caso è descritto fin nei dettagli da R. Cocchi (2002), che l'ha curata per diciotto mesi con terapia antistress-antidepressiva a basso dosaggio, con risultati soddisfacenti.

Se il più delle volte non badiamo alle nostre sensazioni olfattive e alla loro influenza sui rapporti interpersonali, sui ricordi, sulla nostra vita emotiva e sessuale e sul nostro comportamento alimentare, i resoconti patologici ci fanno capire quanto esse diano colore alla nostra esistenza. Quanto la rendano più ricca e complessa, quanto la salvaguardino, informandoci sulla nocività di cibi o di luoghi e orientando le nostre attrazioni e repulsioni. Chi ha perduto il piacere di annusare afferma di avere una vita vuota, senza senso, dove i piaceri sensoriali (inclusi quelli sessuali) si attenuano o addirittura svaniscono. Senza l'olfatto tutto diventa monotono e anonimo e diminuisce l'interesse stesso per la vita, una consapevolezza che può venire solo dalla sua perdita: non si può più sentire l'intenso aroma del caffè o il sapore dolce delle arance, «qualcosa di così scontato che quando perdiamo questi sensi ci sembra quasi di non saper più respirare» – afferma una donna divenuta improvvisamente anosmica in seguito a un'allergia. E recuperare queste sensazioni è come «vivere la scena del *Mago di Oz* in cui il mondo, fino a quel momento in bianco e nero, diventa in technicolor», accorgersi di sentire di nuovo «il gusto di ogni boccone» e il profumo del compagno (citato in Ackerman 1990: 43-45). L'acuto e struggente senso di perdita provocato da un'anosmia e il desiderio di recuperare l'universo degli aromi nel quale siamo talmente immersi da non prestarvi attenzione cosciente trapelano dalle parole di un paziente preso in cura da Sacks, un uomo perspicace e di talento che dell'olfatto non si era mai curato:

> Di solito uno non ci pensa. Ma quando lo persi, fu come se fossi diventato di colpo cieco. La vita perse molto del suo sapore [...] non ci si rende conto di quanto il 'sapore' sia in realtà olfatto. Si odora la gente, si odorano i libri, si odora la città, si odora la primavera, forse non in modo consapevole, ma come uno sfondo ricco e inconscio che sta dietro a ogni cosa. D'improvviso tutto il mio mondo s'impoverì radicalmente (Sacks 1985: 213).

Ma il desiderio di recuperare quelle pennellate di colore che i ricordi olfattivi danno alla nostra vita può scatenare lo sviluppo di una spiccata immaginazione olfattiva, la capacità cioè di rievocare la sensazione di un odore che non si riesce più a percepire in presenza della situazione che lo scatena. Il paziente di Sacks – come accade per esempio ai sordi postlinguistici che avvertono i 'suoni fantasma' leggendo i movimenti delle labbra dell'interlocutore – qualche mese dopo l'incidente, nonostante l'anosmia totale, affermava di sentire l'aroma del caffè e quello della sua pipa con un'intensità tale da illudersi che fossero reali: una forma di compensazione sensoriale che consente al soggetto di 'annusare con la memoria'. Non è detto però che questo tipo d'esperienza sia frequente nei casi di anosmia.

Il legame tra olfatto e patologia presenta altresì un aspetto semiotico più generale: un bravo medico può farsi guidare solo dal proprio fiuto e pervenire a una prima idea della diagnosi interpretando il significato di un'eventuale alterazione degli odori corporei, vere e proprie 'sentinelle' del corpo. Non è un caso che nella storia del pensiero occidentale la riflessione sulla nozione di segno, e quindi la stessa semiotica come studio dei segni e di ciò che è relativo ad essi, affondi le sue radici proprio nel sapere medico e nelle strategie interpretative messe in atto dai grandi medici dell'antichità per analizzare sintomi e formulare diagnosi, a partire da Ippocrate (460-377 ca. a.C.) e da Galeno (129-200 ca. d.C.). Gli odori corporei sono stati valorizzati dalla semeiotica medica sin dalle origini del sapere medico, cosicché era consueto il ricorso alla diagnosi olfattiva, all'interpretazione cioè degli odori emanati dal paziente (sudore, alito, feci e secrezioni varie), indici naturali riconducibili a una precisa patologia. Già Ippocrate aveva attribuito agli effluvi corporei un posto nella categoria dei sintomi, e parlava dell'‘odore della salute' e dell'‘odore della malattia'. Si riteneva poi che l'inizio di una patologia potesse manifestarsi sia con la comparsa di un effluvio caratteristico, sia con la perdita di uno o più odori, e i medici di un tempo erano estremamente abili nel riconoscere una malattia dal suo specifico odore (Corbin 1982: 57). Ma in tutti i secoli gli scritti dei clinici hanno collocato l'olfatto al centro delle loro riflessioni, indicandolo tra i metodi semeiotici (per ulteriori approfondimenti cfr. De Maio 2005: 56-64). Gran parte delle patologie presenta, infatti, un aroma rivelatore caratteristico, un'impronta olfattiva che le rende inconfondibili: nei diabetici l'alito può avere un odore di acetone, una disfunzione renale provoca spesso un odore di ammoniaca, un odore fecale può indicare un'ostruzione intestinale, la crosta lattea presenta un odore acido, la scabbia odora di muffa, e anche la febbre gialla, il tifo, il morbillo e la difterite si accompagnano a odori tipici che possono permetterne l'identificazione. Anche la ‘follia' avrebbe il suo odore, un effluvio sgradevole che ricorda quello di animali selvatici e di cui sono inondate alcune sale degli ospedali psichiatrici.

Gli esami di laboratorio in molti casi non possono che confermare quanto già è chiaro a un naso intelligente e raffinato. Utilizzando questo sapere, un gruppo di studiosi italiani (Cristalli *et al.* 1997; D'Amico *et al.*, 2005) sta conducendo ricerche volte all'analisi degli odori corporei attraverso l'applicazione in ambito medico dei *nasi elettronici* (recettori artificiali più efficaci dell'olfatto umano nel rilevare e analizzare ogni tipo di profumo o di odore – ivi comprese le esalazioni caratteristiche di ogni patologia – inventati dal chimico George H. Dodd), con l'intento di diagnosticare certi tipi di malattie (diabete, cancro, malattie epatiche ecc.). La capacità di questi dispositivi sensoriali 'intelligenti' di 'fiutare le malattie' sfrutta la correlazione esistente tra l'odore emesso dalla pelle, dalle urine, dal sangue o dal respiro di un paziente e la presenza di alcune patologie, per effettuare una diagnosi precoce e la prevenzione medica. E un giorno potrebbero addirittura riuscire a stabilire se esiste uno specifico odore di morte che preannunci il decesso. L'applicazione del naso elettronico in campo medico oggi consente di rivelare in modo non invasivo il cancro ai polmoni – tramite l'analisi dell'espirato profondo del paziente e delle sostanze chimiche volatili in esso contenute – e il tumore alla prostata (o altre anomalie nel funzionamento di quest'organo) – attraverso l'analisi dei composti volatili delle urine. La sperimentazione, tuttora in corso in Italia ma anche in altri Paesi europei, prevede l'applicazione di questo strumento diagnostico ad altre patologie (per esempio il melanoma della pelle) e la costruzione di una banca-dati con le 'impronte olfattive' dell'alito di soggetti sani e malati, per comparare poi i dati di un singolo paziente con quelli immagazzinati. Non si può escludere che questi tipi di diagnosi un giorno possano aiutare a salvare delle vite. La pratica di diagnosticare le malattie attraverso gli odori corporei, e di curare l'anima e il corpo mediante sostanze aromatiche, è ancora in uso presso gli sciamani (Steele 1997). E oggi neurologi e psichiatri, come s'è già detto, orientano la loro attenzione alle alterazioni della sensibilità olfattiva quali sintomi rivelatori di patologie piuttosto gravi come le psicosi, le malattie neurodegenerative o di altra natura (Getchell *et al.*, eds., 1991; Smith, Seiden 1991).

1.4. *Curarsi con gli odori: aromaterapia e olfattoterapia*

L'impiego degli odori e delle piante aromatiche nella cura e nella prevenzione delle patologie ha una storia molto antica. Cinquemila anni fa gli egiziani usavano infusi di oli e unguenti nelle cerimonie religiose, nell'imbalsamazione delle mummie e nella cura dei malati. I medici greci e romani, a partire da Ippocrate e Galeno, ricorrevano all'uso dei fuochi aromatici per purificare l'aria pestilenziale, e anche i medici arabi hanno contribuito a qualificare la funzione terapeutica e profilattica di prodotti aromatici in alcune patologie. In molte regioni del mondo le erbe aromatiche erano e sono tuttora impiegate nella cura delle malattie oltre che in rituali magici e religiosi. Nonostante i fondamenti di questa pratica risalgano a migliaia di anni fa, l'*aromaterapia* in Europa si diffonde soprattutto a partire dal XVI secolo, grazie all'interesse manifestato in Germania da medici e da erboristi per l'uso terapeutico degli oli essenziali. Medici, filosofi, scrittori hanno decantato di volta in volta e pressoché in tutte le epoche i poteri curativi, calmanti, stimolanti o energizzanti di aromi e profumi (cfr. Corbin 1982; Tisserand 1988, 1997; Le Guérer 1998). Il termine 'aromaterapia', coniato nel 1928 dal chimico francese René Maurice Gattefossé, oggi assume connotazioni diverse a seconda dei Paesi in cui è utilizzato e trova applicazione in campo medico oltre che cosmetico, profumiero ed estetico. In Francia, per esempio, il trattamento aromaterapico è di fatto una terapia allopatica somministrata per via orale: insomma, la versione naturalizzata di una cura farmacologica, nonché un sistema di trattamenti estetici. In Gran Bretagna, invece, l'aromaterapia s'ispira a principi olistici ed è somministrata per via esterna (Kusmirek 1997). In genere, comunque, si conviene su una definizione ampiamente accettata

36

con cui si denota l'utilizzo degli oli essenziali vegetali estratti da piante, fiori, semi, radici, corteccia, per fini terapeutici o per prevenire alcune patologie e inoltre per migliorare il benessere e la forma psicofisica.

I fautori di questa medicina alternativa, nata in Gran Bretagna e diffusasi nel resto d'Europa, in Giappone, in Australia e negli Stati Uniti, sostengono che gli aromi inalati o annusati e gli oli applicati sulla cute, inalati o assunti (più raramente) per via orale possono avere effetti sul sistema nervoso centrale e periferico, sull'umore, sull'equilibrio ormonale, sul sistema immunitario, e ancora sulla circolazione sanguigna, sulla respirazione e sul sistema digestivo. E la loro applicazione migliorerebbe non solo la salute fisica ma anche quella emotiva, spirituale e mentale. Tuttavia, un invito alla prudenza è rivolto soprattutto alle donne in gravidanza: attraverso la cute le essenze naturali possono arrivare al sangue e alcune di esse sono in grado di attraversare la placenta. Le fragranze sono lo strumento ideale nelle terapie di rilassamento (l'odore del mare, grazie al suo potere evocativo, sembra particolarmente adatto), nella cura dei disturbi d'ansia e nella depressione. Il caso vuole che la loro efficacia terapeutica riconduca alle stesse ragioni che hanno determinato la denigrazione dell'olfatto: lo stretto legame biologico tra la regione odorante e la sede di elaborazione delle emozioni. Gli odori, come sappiamo, stimolano il cervello emotivo ed esercitano così il loro potere sugli stati d'animo. Anche se gli effetti di un 'odore terapeutico' sono relativamente transitori e non sempre rapidi, non provocano effetti collaterali. Le apprezzabili virtù sedative degli oli essenziali sono confermate anche da esperimenti condotti su animali (Tisserand 1997) e, prescindendo dall'impiego terapeutico, l'inalazione di odori influirebbe comunque positivamente sullo stato generale di un paziente (Tisserand 1988; King 1997; Sugano 1997; Vroon *et al.* 1994: 214-216). La carenza di dati clinici e la scarsa verificabilità dei suoi principi teorici non consentono però di definire l'aromaterapia una vera e propria terapia con modalità riconosciute, con un percorso di studi standardizzati e un corpus di testi canonici.

Si parla ancora di *olfattoterapia*, una cura più recente sperimentata in Francia per aiutare pazienti neurologici o vittime di traumi cranici a ritrovare la memoria e il linguaggio facendo annusare loro odori differenti che favoriscono l'evocazione di ricordi e le libere associazioni. Tale fenomeno ancora una volta trova spiegazione nella biologia del sistema olfattivo: nello stretto legame tra odori e memoria, connessi a livello del sistema limbico. All'ospedale Raymond-Poincaré di Garches, nella periferia di Parigi, dal 2000 l'unità di rieducazione neurologica diretta da B. Bussel ricorre agli odori per aiutare i pazienti usciti dal coma a ritrovare la memoria. Certo è quasi un'ironia che si faccia leva proprio sul senso 'muto' per aiutare pazienti neurologici (vittime di traumi cranici, di emorragie cerebrali o di coma protratto) a ritrovare la parola. L'olfattoterapeuta Patty Canac – docente all'Istituto della profumeria di Versailles – attraverso sedute di olfattoterapia in cui ai pazienti usciti dal coma vengono presentate cartine assorbenti che sanno di legno, di biscotti, di cioccolata, di erba, di fieno, di mare, li stimola a ritrovare progressivamente la memoria e la voglia di vivere (Le Guérer 2004).

1.5. *Fisio-chimica dell'odore*

Ma cos'è un odore dal punto di vista fisico e chimico? Da cosa dipende la sensazione olfattiva? E perché alcune sostanze emanano odore e altre no? Interrogativi complessi che a tutt'oggi non hanno ricevuto una spiegazione univoca e pienamente soddisfacente. Intanto, con l'espressione 'odore' s'intende sia la sensazione olfattiva (l'effetto), sia la fonte, cioè lo stimolo responsabile della sensazione (la causa). L'ambiguità del termine trova riscontro nello statuto incerto dell'esperienza olfattiva: il suo contenuto viene facilmente oggettivato e collegato alla sua fonte esteriore quando essa è realmente presente al soggetto, mentre quando la fonte non è percepibile e l'intensità dell'odore tende a ridursi il dubbio prevale sulla realtà di ciò che è stato sentito. La sensazione provocata da un odore ha spesso anche una valenza emotiva che ne rafforza la dimensione soggettiva e per così dire 'privata'. Una sensazione olfattiva ha luogo quando una data sostanza (*odorante*) agisce su recettori specifici – allo stesso modo in cui le variazioni della pressione atmosferica diventano suoni solo quando sono percepiti dall'orecchio. L'odore nasce così dall'incontro delle molecole odoranti con i recettori molecolari (che sono poi delle proteine) situati nell'organo nasale. Questa sensibilità di tipo molecolare si attiva però solo se si verificano certe condizioni fisiche: volatilità (in ambiente aereo) e solubilità (in ambiente liquido). La volatilità delle molecole odorose è una condizione necessaria, ma non sufficiente, per la produzione di un odore: per esempio, ci sono sostanze come il muschio che nonostante il basso grado di volatilità producono un odore forte e, viceversa, sostanze come l'acqua distillata che pur avendo un alto grado di volatilità sono inodori. La volatilità di una sostanza dipende soprattutto dal peso molecolare, che a sua volta influisce sulla sua capacità di evaporare facilmente: cosicché un odore è tanto più forte quanto maggiore è la sua 'pressione di vapore' – da cui dipende la sua volatilità – e più ridotto il suo peso molecolare, tanto più debole quanto minore sarà la sua pressione di vapore – cioè la sua concentrazione nell'aria – e maggiore il suo peso molecolare.

Indipendentemente dall'ambiente che li veicola, aereo o acquatico che sia, gli odori obbediscono poi a certe leggi fisiche: l'alta temperatura favorisce la diffusione delle molecole odorose e il loro accesso ai recettori olfattivi, e l'aumento della pressione atmosferica rende odorosi certi composti chimici, altrimenti inodori, come l'elio usato nelle immersioni sottomarine. Ma nella determinazione di un odore intervengono ancora altri fattori importanti: la capacità di stabilire legami intermolecolari con la membrana delle cellule olfattive (in genere maggiore nelle molecole di grossa taglia, meno volatili ma più ricche di legami intermolecolari, laddove quelle più piccole hanno invece maggiore volatilità e legami più deboli con i recettori); e la solubilità delle molecole nell'acqua e nei grassi, necessaria per entrare in contatto con il muco, per poi disciogliersi nella membrana dei recettori olfattivi (di natura lipidica) e legarsi infine con le proteine che compongono sia la mucosa olfattiva sia i recettori. Ecco perché le sostanze dotate di maggiore solubilità nei grassi sono più odorose.

Altrettanto importante, ma non meno problematico, è cercare di stabilire da quali condizioni chimiche dipenda una sensazione olfattiva. La relazione tra le caratteristiche chimiche di una sostanza e il particolare odore da essa prodotto non è facile da stabilire: sostanze con una struttura molecolare simile possono dar luogo a odori molto diversi, mentre sostanze chimicamente differenti possono produrre odori simili (per esempio gli esteri da cui si originano gli odori di fiori e di frutta). Fino ad oggi nessuna caratteristica chimica è riuscita a spiegare questi fenomeni in maniera soddisfacente. In assenza di teorie consolidate facciamo riferimento a due diverse ipotesi: una per così dire tradizionale, e tra le più accreditate, e una innovativa. La prima, e anche la più nota delle teorie formulate per spiegare il rapporto tra la qualità dell'odore percepito e le proprietà fisio-chimiche delle molecole odorose, è quella stereochimica avanzata da J. Amoore (1970) alla fine degli anni Cinquanta e successivamente perfezionata. Sarebbero la forma geometrica e la dimensione della molecola a determinarne un particolare odore, adattandosi a quelle dei recettori olfattivi e scatenando l'impulso nervoso che viene trasmesso al cervello. In breve, l'odore è forma, e ogni molecola risulterebbe dotata di curve, gobbe e scanalature irriproducibili. Quest'ipotesi suggerisce l'immagine di una semplice relazione complementare basata sul principio della particolare chiave che corrisponde a una particolare serratura: se la forma discoidale, cuneiforme o sferica delle molecole combacia con i recettori corrispondenti allora si avrà l'odore muschiato, di menta o di canfora e così via. Amoore aveva ipotizzato l'esistenza di sette classi di odori primari da cui deriverebbero per combinazione tutti gli altri odori (cfr. *infra*, § 3.2). Tuttavia l'esistenza di molecole praticamente identiche ma con odori totalmente differenti, e di molecole diversissime tra loro con odori simili, non quadra con questa teoria. La grande diversità di molecole odoranti – il fatto che la loro forma, per esempio, possa cambiare in relazione al tipo e al numero di legami intermolecolari instaurati nei recettori e alla polarità della molecola (orientamento) – rappresenta poi un altro problema per la teoria stereochimica, che non riesce a spiegare un gran numero di sensazioni olfattive. E di fatto resta ancora un mistero cosa accada di preciso tra le molecole e i recettori, cioè come un odorante stimoli una cellula sensoriale e come questa sia fatta esattamente (Brand 2001: 18-19; Holley 1999: 51-59; Vroon *et al.* 1994: 61-64; Zucco 1988: 33-39).

Una teoria più innovativa riconduce la sensazione dell'odore alla vibrazione delle molecole delle sostanze odoranti, anziché, come affermava la teoria stereochimica, alla loro forma. Riproposta da una decina d'anni dal biofisico italo-francese L. Turin, la teoria vibrazionale in realtà era stata avanzata negli anni Trenta del secolo scorso dal chimico inglese M. Dyson. Quest'ultimo aveva ipotizzato che, come uno spettroscopio[3], il naso umano ci consentisse di riconoscere subito gli atomi presenti in una molecola e per di più di distinguere una molecola dall'altra: quando avvertiamo odore di uova marce, infatti, sappiamo di essere in presenza di zolfo. Ad ogni odore corrisponderebbe una lunghezza d'onda capace di provocare nel no-

---

[3] Lo spettroscopio è uno strumento in grado di individuare senza errore sia gli atomi, sia le molecole che compongono una sostanza, misurando le vibrazioni molecolari.

stro cervello la sensazione del profumo o del puzzo, analogamente al modo in cui l'orecchio è stimolato dalle vibrazioni dell'aria (trasformate in suoni) e l'occhio dalle onde elettromagnetiche (trasformate in colori) (Turin 1996; Burr 2002: 35 sgg., un saggio che racconta la storia dello scienziato italo-francese). Benché ancora discussa, questa teoria ha ricevuto conferme da studi molto recenti condotti da M. Stoneham e da altri fisici dello University College of London, che ne attesterebbero la plausibilità in versione quantistica (Brookes *et al.* 2007). Se effettivamente l'olfatto funzionasse grazie alla vibrazione delle molecole, esso avrebbe molto in comune con la vista e con l'udito. Le ricerche sulla relazione tra l'odore percepito e le sue proprietà fisio-chimiche, rapidamente accennate, non hanno tuttora raggiunto risultati convincenti. Questo ci dà comunque un'idea della complessità e dell'imprevedibilità dell'esperienza olfattiva e dei molteplici fattori ancora in gran parte oscuri che in essa intervengono.

1.6. *Variabilità dell'olfatto umano e nasi prodigiosi*

Come per gli altri sensi e per molte funzioni biologiche, la capacità umana di percepire gli odori è influenzata, oltre che dal nostro stato di salute generale, da una molteplicità di fattori: da numerosi processi fisiologici, dal sesso, dall'età, da bisogni fisici e desideri, da abitudini ed esperienze di vario tipo (fumo, droghe, alcolici), dalla soggettività del giudizio estetico e ancora da fattori (indipendenti dalla nostra volontà) connessi ai costumi e al contesto socioculturale in grado di condizionare le risposte agli stimoli. Il risultato è l'estrema variabilità dell'acuità olfattiva da una persona all'altra e anche tra gruppi umani diversi. Le grandi differenze individuali nella sensibilità agli odori e nella loro valutazione, e la scarsa oggettività dei dati che ne scaturiscono, sono senza dubbio tra i fattori che hanno maggiormente ostacolato le ricerche scientifiche sull'olfatto rispetto a quelle su altre modalità percettive. La sensibilità individuale può variare di mille volte anche tra soggetti che non presentano alcuna anomalia. C'è poi una variabilità intraindividuale dell'olfatto (e del gusto), condizionata dallo stato fisiologico generale della persona – un fenomeno che non ha riscontri nell'udito e nella vista –, che prende il nome di *alliestesia* (Cabanac 1971). L'odore di cioccolata, per esempio, è piacevole se siamo a digiuno ma diventa sgradevole se abbiamo assunto una notevole quantità di glucosio; parimenti la sensibilità a un odore o a un gusto aumenta se abbiamo saltato un pasto. Bisogna perciò riconoscere un nesso tra lo stato fisiologico globale di un individuo e la sua percezione e valutazione degli odori.

Numerosi studi provano nei bambini la capacità di esibire precocemente preferenze e avversioni per determinati aromi (cfr. *infra*, § 2.5). Nei neonati e nei bambini piccoli sembra comunque che non si verifichino variazioni apprezzabili nella percezione e nella valutazione degli odori. Nel corso dello sviluppo ontogenetico un cambiamento evidente nel giudizio olfattivo comincia a manifestarsi invece nel periodo dell'adolescenza, a causa della produzione di ormoni sessuali, per stabilizzarsi superati i 20 anni. La sensibilità dei nasi umani tuttavia si affina, per raggiungere il pieno sviluppo, fra i 30 e i 40 anni, mantenendosi abbastanza stabile fino ai 60 anni circa, soprattutto nelle donne. Più limitato nei bambini e negli adolescenti rispetto agli individui adulti, il giudizio edonistico sugli odori cresce dunque con l'età. Quanto alla vecchiaia, poi, la sensibilità olfattiva tende a ridursi e ad appiattirsi in modo significativo. Superati i 65 anni diminuisce progressivamente la capacità di rilevare e di identificare gli odori e vengono meno le parole per denominarli, una condizione definita *presbiosmia*. Il regresso in genere è così lento da non essere spesso percepito coscientemente dalla persona, convinta di sentire bene odori e sapori. Il primo sintomo di decadenza del naso si manifesta con una diminuzione generalizzata della sensibilità per tutti gli odori, si riduce anche la sensibilità relativa e sorgono difficoltà di riconoscimento. Sebbene la senilità dell'olfatto dipenda da una serie di mutamenti fisiologici che ne riducono l'efficienza (disturbi della cavità nasale, disseccamento dello strato di muco, infiammazione della mucosa, cattiva circolazione, riduzione della produzione di cellule sensoriali, forte calo numerico delle cellule nervose dei bulbi olfattivi ecc.), non tutti gli studiosi concordano nell'imputare all'età la diminuzione del piacere di annusare. Su quest'ultimo inciderebbe, piuttosto, lo stato di salute. Un dato universale, indipendente dallo stile di vita e dall'appartenenza culturale, è che all'incirca il 50% delle persone fra i 65 e gli 80 anni presenta un'anosmia parziale o totale, un problema che dopo gli 80 anni investe i tre quarti degli individui (Vroon *et al.* 1994: 92-95, 108, 207; Doty 1991a; Engen 1982: 86-87, 98, 138; Zucco 1988: 50-51).

Le capacità olfattive possono essere influenzate, come s'è già detto, dall'uso di sostanze quali il tabacco, la cocaina o l'alcol. Rispetto ai non fumatori, per esempio, i fumatori hanno una riduzione dell'olfatto (soprattutto per le concentrazioni più deboli) dovuta principalmente a un decremento sensoriale conseguente a danni effettivi. L'uso della cocaina inizialmente accresce l'acutezza olfattiva, che tuttavia si normalizza nell'arco di mezz'ora. E anche una moderata assunzione di alcol può esaltare la sensibilità del naso, probabilmente perché favorisce l'accesso delle molecole odorose all'epitelio olfattivo. Un fattore ancora più determinante per gli effetti sulla sensibilità olfattiva è la differenza tra i sessi. La superiorità sensoriale delle donne in fatto di 'naso' è un dato ormai ampiamente riconosciuto indipendentemente dall'appartenenza etnica. Le loro prestazioni sono migliori di quelle degli uomini sotto tutti gli aspetti, e anche la diminuzione fisiologica della sensibilità agli odori dopo i 50 anni nelle donne è più ridotta. Le donne sono più abili anche nei compiti d'identificazione e di denominazione. Alle ragioni biologiche, ormonali e neurali di questa disparità olfattiva tra i sessi – le donne hanno un cervello 'più linguistico' e una migliore interazione emisferica, e persino un naso più sensibile di quello maschile agli odori corporei e a quelli biologicamente significativi come il muschio (androstenone) – si coniuga anche la loro maggiore esperienza con gli odori, correlata, sia evolutivamente sia culturalmente, ai compiti di raccolta e di preparazione degli alimenti demandati in genere al sesso femminile. Questa disparità si manifesta a partire dalla pubertà, presumibilmente per la presenza di ormoni sessuali femminili (per esempio gli estrogeni). Per la stessa ragione, l'acutezza olfattiva nelle donne cambia nel corso del ciclo mestruale, aumenta cioè durante l'ovulazione (per l'alta concentrazione di estrogeni) e si riduce nella fase mestruale (Vroon *et al.* 1994: 98-101; Zucco 1988: 45-50; Engen 1982: 99-100, 139; Brand 2001: 59).

Prescindendo dalla variabilità individuale del naso e dalle patologie che possono ridurne o annientarne la funzione, esistono in natura dei 'prodigi dell'olfatto', persone la cui sensibilità agli odori è di gran lunga superiore a quella di un soggetto normale. I ciechi, per esempio, in genere hanno prestazioni superiori a quelle dei vedenti nei compiti di identificazione degli odori e riescono a denominarne molti di più, probabilmente perché sono costretti a concentrarsi in misura maggiore sulle caratteristiche dell'odore stesso. Non tutti i ciechi però hanno un naso raffinato: tale abilità richiede infatti un esercizio di attenzione agli indizi olfattivi (Murphy, Cain 1986; Ferdenzi *et al.* 2004). Il caso più celebre di naso prodigioso è sicuramente quello di Helen Keller, cieco-sorda sin dalla più tenera età, ma dotata di una raffinatissima capacità di discriminazione degli odori e di descrizione delle sue esperienze olfattive, cui dedica numerose pagine dei suoi scritti. Seguendo quei segni discreti ma preziosi che il naso affinato dall'esercizio le forniva, riusciva, per esempio, a riconoscere le persone, a catalogarle psicologicamente e a capire, semplicemente annusando, che mestiere facessero (Keller

1908: 51). E ancora a riconoscere e descrivere i profumi caratteristici di ogni stagione e a fiutare i cambiamenti meteorologici (ivi: 44-48).

Privata dei sensi più intellettuali, Helen aveva imparato a prestare attenzione ad ogni sfumatura odorosa della realtà, a fare un uso più cognitivo del suo naso, a pensare fiutando. Ad analizzare, giudicare, discriminare luoghi, persone, distanze, situazioni sfruttando gli indici olfattivi. Poteva riconoscere «una vecchia casa di campagna dai diversi strati di odori lasciati in essa dalle successioni di famiglie, di piante, di profumi, di arredi domestici» (*ibid.*). L'olfatto, assieme al gusto e al tatto, stimolava le sue facoltà cognitive, parlandole del mondo e fornendole le conoscenze necessarie per formarsi un'idea di ciò che non le era dato vedere, per esempio i colori, la cui cognizione scaturiva da analogie stabilite a partire dagli altri sensi: «io capisco come lo scarlatto differisca dal cremisi, perché so che l'odore di un'arancia non è l'odore dell'uva. Posso anche concepire che i colori abbiano sfumature. Negli odori e nei sapori vi sono delle varietà non abbastanza distinte per essere fondamentali; perciò le chiamo sfumature» (ivi: 74). Persino i suoi sogni erano ricchi di odori e di sapori – «nei miei sogni ho sensazioni, odori, idee che non ricordo di aver mai avuto in realtà [...]. Io fiuto e gusto come quando son desta, ma il senso del tatto diventa meno importante» (ivi: 106) –, laddove dati clinici e sperimentali sul sogno sia nei soggetti normali sia nei malati di mente attestano la rarità delle esperienze olfattive (sogni olfattivi e allucinazioni olfattive), se comparate alla ricchezza di immagini visive, uditive, gustative e cenestesiche, facendo dell'odorato il grande assente anche dalla scena del sogno (De Maio 2005: 200). Le fu tanto più chiaro quanto per lei fosse importante il senso dell'olfatto quando per alcuni giorni ne rimase priva e si sentì smarrita: «un senso di isolamento mi pervase tutta, immenso come l'aria di cui avevo perduto le migliaia di odori. [...] La perdita dell'odorato mi diede per alcuni giorni un'idea assai più chiara di ciò che deve essere il diventare d'un tratto irrimediabilmente cieco» (Keller 1908: 56).

Un altro buon esempio di modalità sensoriali che si discostano dalla norma è quello degli *enfants sauvages*: individui abbandonati a se stessi in tenera età o relegati per ragioni diverse e cresciuti in condizioni di completo isolamento sociale fidando solo sulle proprie forze o allevati da animali. Questi casi di sopravvivenza umana allo stato ferino offrono l'occasione di studiare lo sviluppo delle abilità percettive al di fuori di una cultura di riferimento, di valutare gli effetti del contesto e di comprendere, nel caso specifico della competenza olfattiva, in che misura la sua svalutazione nell'uomo dipenda da ragioni di ordine culturale, ancora più che da limiti biologici. Su alcuni di questi casi la letteratura fornisce notizie e osservazioni precise dalle quali emerge un tratto percettivo e comportamentale comune tanto ai ragazzi cresciuti in completo isolamento quanto a quelli cresciuti a contatto con animali (lupi, orsi, gazzelle) o sopravvissuti per autosostentamento: la presenza cioè di un odorato straordinariamente acuto, sviluppatosi com'è ovvio in condizioni di vita inconsuete per un umano, per necessità di sopravvivenza. Un'abilità che esprime una gerarchia sensoriale differente da quella culturalmente accettata (almeno in Occidente), legata a un diverso modo di percepire la realtà. Victor, il ragazzo selvaggio ritrovato nei boschi dell'Aveyron nel 1798 all'età di circa 11-12 anni (e rieducato dal medico J.M. Itard che vi scrisse due *Mémoire*), annusava dappertutto, persino oggetti apparentemente inodori come le pietre, alla ricerca di indizi noti e di informazioni utili. Il suo odorato era così raffinato da porsi «al di sopra di qualsiasi perfezionamento. [...] La civilizzazione non aveva dunque nulla da aggiungere alla [sua] sensibilità» (Itard 1802-1807: 191). Secondo la testimonianza del naturalista P.J. Bonaterre (uno degli scienziati che esaminò il caso), l'olfatto era il suo primo senso e anche il più perfetto, seguito dal gusto, poi dalla vista, dall'udito e infine dal tatto (Bonaterre 1800, citato in Lane 1976). In altre parole, il suo principale strumento di conoscenza della realtà. Ma, privo di ogni educazione e di capacità di giudizio estetico, proprio perché non contaminato da modelli culturali, «percepiva con la medesima indifferenza l'odore dei profumi e l'esalazione fetida dei rifiuti di cui era pieno il suo giaciglio» (Itard 1802-1807: 132).

Anche Kamala, la bambina-lupo indiana ritrovata insieme ad Amala nel 1920 in una tana di lupi all'età di circa 8 anni, aveva un olfatto sviluppatissimo, capace di annusare qualunque cosa anche da molto lontano, in particolare la carne cruda, il suo alimento prevalente. E poi ancora il ragazzo-gazzella (trovato nella seconda metà del Novecento nel Sahara spagnolo in un branco di gazzelle e a lungo osservato nel proprio ambiente naturale a sua insaputa), che aveva acquisito le modalità di comunicazione e di comportamento di questi animali dall'olfatto acutissimo: i segnali codificati del naso, dei piedi e delle mani, l'annusarsi naso naso per riconoscersi, l'odorarsi e il leccarsi per la comunicazione affettiva e la marcatura olfattiva del territorio comune attraverso urine ed escrementi. A differenza dei ragazzi sopravvissuti per autosostentamento, questi ultimi casi (allevati da animali) avevano avuto un modello sensoriale di riferimento, quello dei lupi e delle gazzelle, dal quale avevano acquisito alcune caratteristiche fisiche e soprattutto comportamentali (Ludovico 2006: 54-58). Per finire citiamo la vicenda di Kaspar Hauser, vissuto dalla prima infanzia e fino all'età di circa 16 anni in una cantina e ritrovato sulla strada per Norimberga nel 1828. I suoi sensi, rimasti assopiti per anni, rivelavano una straordinaria acutezza. Il suo olfatto – come può succedere a persone che lo perdono per un periodo – era così sensibile da rendergli insopportabili e addirittura ripugnanti persino le fragranze più delicate e gradevoli come il profumo di una rosa, fatta eccezione per l'odore del pane e di poche altre spezie per condirlo alle quali era stato abituato durante la sua lunga prigionia. Tale iperosmia (e/o cacosmia) rendeva complicate le sue passeggiate a piedi o a cavallo nella campagna, dove la ricchezza di profumi gli scatenava forti emicranie e addirittura accessi febbrili, per l'eccessiva irritazione dei nervi olfattivi. A. von Feuerbach, a cui si deve una testimonianza diretta, riporta che Kaspar era in grado di percepire gli odori a grande distanza, anche per il malessere che gli procuravano, e «sapeva distinguere da lontano meli, peri e prugni già dall'odore delle foglie» (1832: 89). Tollerava con più facilità gli odori di escrementi anziché quelli dell'acqua di Colonia, della carne fresca o del cioccolato, probabilmente perché a lui noti dalla prigionia. Nel corso del tempo l'ipersensibilità degli altri sensi si normalizzò mentre l'olfatto rimase sempre molto acuto, anche se negli anni Kaspar si abituò a sentire odori d'ogni genere senza averne danni fisici (ivi: 88-90, 155-156).

Questi nasi prodigiosi ci spingono a pensare che il progresso della civiltà sia il principale imputato dell'atrofizzazione dell'olfatto nella nostra specie, ancor più dei fattori naturali – come aveva sottolineato Freud nel *Disagio della civiltà* (1929) riprendendo un'idea di Darwin. Nonostante, infatti, il progressivo declino dell'odorato nel corso dell'evoluzione biologica, nell'uomo la sua graduale svalutazione è in larga parte esito di una repressione culturale. La nostra sensibilità agli odori risulta fortemente condizionata dalle abitudini, dall'educazione sensoriale, dai modelli percettivi e dalle norme culturali. Apparentemente non così vitale, né così cognitivamente indispensabile per la nostra specie, l'olfatto può diventarlo, per esempio, in circostanze estreme di sopravvivenza, valicando il limite dei condizionamenti genetici. Del resto, se per natura il naso non fosse importante per la nostra conservazione non dovremmo essere in grado di affidarci ad esso neppure in certe situazioni di deprivazione. Entro certi limiti, infatti, il nostro terreno genetico può essere modificato dall'azione plasmatrice delle esperienze (soprattutto quelle dei primi anni di vita) e dall'ambiente entro cui cresciamo, che eserciterebbero un ruolo nient'affatto trascurabile nel farci diventare ciò che siamo. E, d'altro canto, anche esperimenti condotti su soggetti affetti da anosmia selettiva (attribuita alla mancanza del recettore necessario per identificare una molecola o una classe di molecole) avvalorano l'ipotesi dell'influenza dell'ambiente di vita e del contesto soprattutto sull'espressione quantitativa dei recettori olfattivi: si è visto che soggetti con anosmia selettiva per l'androstenone, quotidianamente esposti a quest'odorante, nell'arco di alcuni giorni manifestano notevoli miglioramenti nella sensibilità a tale sostanza (Wysocki *et al.* 1989, citato in Holley 2004: 52-53). Un'altra prova, insomma, dell'eccezionale permeabilità dell'odorato all'apprendimento.

1.7. *Naso e cultura: l'antropologia dell'olfatto*

Qual è il ruolo esercitato dai condizionamenti culturali sull'organizzazione biologica dell'olfatto? Esistono modelli percettivi basati essenzialmente sull'odorato? Cercheremo di comprendere se e in quale misura il peso della cultura, al di là della costituzione naturale, influisca sull''attenzione olfattiva' della specie umana. La nostra desensibilizzazione agli odori, ancor più che un dato biologico, si configura come una conseguenza culturale la cui evidenza empirica balza agli occhi specialmente quando si prendono in considerazione modelli di organizzazione percettiva diversi da quelli delle società occidentali. Infatti, se ci si limita alle società urbane occidentali, sulle quali sono basati gli studi più approfonditi sulla funzione dell'olfatto nella nostra specie, si rischia di avere un'immagine parziale e non generalizzabile dell'attenzione olfattiva umana e di confondere una variabile socio-culturale con un vincolo biologico (Schaal *et al.* 1998a). Su questo punto ci aiutano a far chiarezza i contributi piuttosto recenti, seppure ancora sporadici, dell'antropologia dei sensi e in particolare di una sua branca: l'antropologia degli odori. La sua attenzione è rivolta allo studio di «culture olfattivamente orientate» (Le Breton 2006: 279).

L'antropologia sensoriale è una corrente antropologica fondata dal canadese David Howes – il primo a fornire una definizione compiuta di quest'espressione, negli anni Novanta del secolo scorso – con l'intento di indagare le varie culture come espressioni di differenti modalità percettive della realtà e di sottolineare in che modo tali variazioni influenzino le diverse forme di organizzazione sociale, la visione di sé e del mondo, la regolazione delle emozioni, alcune pratiche culturali e non ultimi i processi di categorizzazione linguistica (Howes, ed., 1991a: 3). L'antropologia dei sensi si contrappone al pregiudizio, largamente diffuso nella cultura occidentale, che vede nella vista la fonte principale delle conoscenze, nel tentativo, da un lato, di ridurre gli atteggiamenti provenienti dall'etnocentrismo percettivo e, dall'altro, di consentire la condivisione delle esperienze tra individui con diverso *background* culturale. Gli studi orientati a rilevare il ruolo del contesto culturale sulle differenze percettive hanno privilegiato soprattutto la visione (in particolare la percezione dei colori) e ignorato l'esistenza di percezioni del mondo dove l'olfatto, il gusto o il tatto riscuotono ben altra considerazione. La critica del visualismo, il tentativo di includere la varietà sensoriale nella ricerca etnologica e l'analisi delle diverse realtà culturali a partire dai sistemi percettivi dominanti al loro interno sono i punti cardine su cui si fonda questa nuova disciplina. Interpretare le diversità culturali abbandonando il proprio modello sensoriale, per calarsi invece in quello del contesto locale che si sta studiando, diventa una priorità per l'antropologo sensoriale. Non tutte le culture riconoscono l'esistenza dei cinque sensi e non per tutte la vista rappresenta la principale fonte di conoscenza. Anzi, vi sono società che attribuiscono importanza diversa all'udito, al gusto, all'olfatto – riconoscendo gerarchie sensoriali diverse – e poi ancora casi in cui la componente sinestetica è considerata fondamentale per l'interpretazione del mondo. I giavanesi, per esempio, distinguono cinque sensi che non coincidono esattamente con i nostri: la vista, l'udito, l'olfatto, il parlare e il sentimento (il tatto è ignorato). Gli Hausa della Nigeria riconoscono invece solo due sensi, la vista e un secondo senso che include tutti gli altri, compreso il 'conoscere'. Tale distinzione si riflette a livello lessicale, dove i processi percettivi vengono designati attraverso due soli verbi: *gani*, che significa soltanto 'vedere' ed è privo delle accezioni cognitive di cui è carico in altre lingue (nel senso di 'capire' o 'sapere', come nell'inglese *to see*), e *ji*, una parola che ingloba tutti i sensi (vista compresa) e viene usata anche con il significato di 'provare emozioni' e di 'conoscere'. Di contro, si danno anche culture in cui la vista, oltre a non avere alcun primato nella rappresentazione del mondo, è considerata addirittura un senso antisociale, collegato alla stregoneria, praticata, quest'ultima, da chi vive ai margini della società: è il caso, ad esempio, dei Wolof del Senegal e dei Suya del Brasile centrale. Il risultato è che a modelli e a gerarchie sensoriali diverse corrispondono modi dissimili di organizzare e di pensare la realtà e di parlare delle esperienze percettive (Howes 1990; Ritchie 1991; Gusman 2004: 3-21).

L'antropologa C. Classen distingue essenzialmente due differenti paradigmi sensoriali per interpretare le diverse cosmologie: quello visuale – rappresentato dall'espressione 'visione del mondo' –, che riflette una modalità di rappresentazione e di concettualizzazione cosmologica fondata sulla vista ed è prevalente nelle società che usano la scrittura come mezzo di diffusione culturale; e quello orale, basato essenzialmente sul suono e perciò sul primato dell'udito. Entrambi assumono un atteggiamento verbocentrico. Questa dicotomia non esclude l'esistenza di paradigmi alternativi che 'pensano' al mondo e se lo rappresentano soprattutto in termini olfattivi, gustativi o termici (Classen 1993: 121). Influenzati da abitudini e da condizionamenti culturali, pur partendo dalla stessa dotazione sensoriale gli individui imparano, infatti, a percepire e a giudicare la realtà in modo distinto: cosicché soggetti appartenenti a differenti società e culture e a diverse epoche storiche non solo percepiscono in modo differente ma riconoscono gerarchie e priorità variabili ai vari sensi. L'influenza dell'olfatto sulla cultura e l'esistenza di culture in cui l'attenzione per l'odore, sin dalla nascita, riflette un modo di pensare al mondo, è l'oggetto specifico dell'antropologia dell'olfatto. I pochissimi studiosi che se ne occupano sono interessati alla conoscenza di culture le cui percezioni del mondo sono osmologie più che cosmologie, vale a dire concezioni del mondo di tipo olfattivo integrate comunque in una cosmologia (Classen *et al.* 1994: 95). Le loro indagini suggeriscono che alla nascita siamo dotati di una competenza olfattiva non trascurabile, suscettibile tuttavia di uno sviluppo e di un uso variabili in relazione al contesto socio-culturale entro cui veniamo educati, ai diversi vissuti esperienziali e, non ultimo, all'ambiente geografico. Quanto a quest'ultimo aspetto, sono utili i contributi, altrettanto occasionali, della geografia degli odori, interessata al ruolo degli odori nella differenziazione del territorio, nell'identificazione dei luoghi e nella delimitazione di 'confini' regionali, e ancora alla loro provenienza e al modo in cui essi strutturano lo spazio vissuto (Dulau, Pitte, éds., 1998). Presso popolazioni che vivono nell'ambiente della foresta, dove il campo visivo è limitato e l'udito è sopraffatto da una gran quantità di suoni e di rumori naturali, l'olfatto diventa necessariamente il senso cognitivamente e simbolicamente più rilevante e la discriminazione degli odori assume una funzione fondamentale per l'orientamento e la localizzazione dello spazio. È il caso, per esempio, degli Gnau e degli Umeda, popoli della Nuova Guinea molto abili nell'individuare qualsiasi odore, anche debole, nella fittissima foresta in cui vivono (Classen, Howes 1991: 276; Classen *et al.* 1994). La descrizione che P. Rovesti fa della sua visita agli Orissa, una popolazione remota dell'India che viveva completamente nuda tra le montagne come nell'età della pietra, ci offre un esempio ancora più concreto:

Non riuscivamo ancora a vedere la cima del loro altopiano e una densa giungla ci separava ancora da loro, quando udimmo un frastuono di grida gioiose. «Ci hanno sentito arrivare. Hanno captato il nostro odore», ci spiegò la guida. [...] Il rendersi conto, in diverse occasioni, che questa popolazione primitiva aveva capacità olfattive sviluppate come quelle concesse all'uomo originario, acute come quelle di molti animali, non cessò mai di sbalordirci e sorprenderci (1980: 23).

Come afferma A. Synnott (1991, citato in Gusman 2004: 51), l'antropologia dell'olfatto c'insegna che gli odori non sono solo nel naso di chi annusa ma anche nella sua cultura, e che la percezione olfattiva – come le altre modalità di senso – è frutto dell'incontro tra natura e cultura, più che della loro contrapposizione. Se la valutazione degli odori nelle diverse culture presenta delle analogie – in genere tutti prediligono l'odore di fiori, piante e frutta e condividono l'avversione per l'odore di escrementi e di putrefazione –, esistono tuttavia differenze di giudizi, più che di sensazioni (che dovrebbero essere uguali per tutti), tra culture diverse (Schleidt *et al.* 1988, citato in Vroon *et al.* 1994: 102). Le regole per l'igiene del corpo e dell'ambiente, le pratiche rituali e la tradizione alimentare di ogni popolo esercitano, infatti, un certo peso sul modo in cui gli individui interpretano le loro percezioni. Così, l'odore di alcuni formaggi stagionati o erborinati come il *roquefort*, in genere gradevole per i francesi e per molti italiani, può essere giudicato sgradevole o insopportabile presso altre culture. È noto inoltre che ai francesi l'aroma dell'aglio piace più che agli olandesi e che, più in generale, cibi graditi in alcuni luoghi in altri non sono consumati proprio per il loro odore, giudicato cattivo. Molti popoli africani, per esempio, considerano 'profumo', per definizione, l'odore di cipolla cruda o fritta (come i Dogon, che si cospargono tutto il corpo di cipolla fritta per scopi estetici; Classen *et al.* 1994: 124). Nessun occidentale penserebbe mai di creare e di lanciare sul mercato un profumo all'essenza di cipolla! Per i Dassanetch, un popolo dell'Etiopia sudoccidentale dedito prevalentemente alla pastorizia e in misura minore alla pesca, l'organizzazione sociale è fondata su una gerarchia olfattiva stabilita in funzione delle occupazioni quotidiane dei membri della comunità che li marchiano di un certo odore: i pastori ritengono che i pescatori puzzino, non in sé ma per il lavoro che svolgono, e la pesca è considerata un'attività inferiore rispetto alla pastorizia. Di conseguenza, i pescatori sono discriminati socialmente sulla base di criteri di valore stabiliti olfattivamente. Essi stessi apprezzano l'odore del bestiame, arricchito di valori positivi connessi alla pastorizia, e disprezzano il loro. In questa cultura l'odore del bestiame è giudicato 'buono' in tutte le sue manifestazioni. Le mucche, per esempio, simboleggiano la fertilità e il principio stesso dell'esistenza: il loro odore è connotato positivamente dai pastori, al punto che gli uomini si ricoprono del loro sterco e si lavano le mani con la loro urina (cfr. gli studi citati in Classen 1993: 83 sgg.). Le donne masai si cospargono i capelli di escrementi animali, una pratica incomprensibile a qualsiasi occidentale. Tutto questo a riprova del fatto che le categorie del 'buono' e del 'cattivo' odore non sono tratti universalmente condivisi, ma variabili culturali. La funzione di filtro esercitata dall'ambiente socio-culturale sulle impressioni sensoriali incide, infatti, sull'interpretazione percettiva degli odori e sul diverso livello di tolleranza verso di essi (Classen *et al.* 1994). Ciò non esclude comunque che in natura vi siano odori intrinsecamente gradevoli o sgradevoli per il naso, sui quali vi è un consenso pressoché universale, come s'è già detto nel caso del profumo dei fiori o del puzzo di rancido o di putrefazione – questi ultimi associati, in genere, all'idea di malattia e a quella di morte.

L'antropologia dell'olfatto rileva poi come i codici olfattivi intervengano nella buona riuscita di diverse pratiche rituali (caratterizzate appunto dalla ripetitività) di numerose società presso le quali gli odori accompagnano e caratterizzano una vasta gamma di attività e di eventi. Tali pratiche, al di là della sfera religiosa, pervadono domini diversi dell'esistenza collettiva di un popolo – ivi incluse le festività pagane – e momenti particolarmente significativi della vita individuale come i riti cosiddetti 'di passaggio' (cioè di cambiamento di categoria), in cui si è particolarmente fragili ed esposti a tutte le cattive influenze: dalla nascita al corteggiamento, alla circoncisione, al matrimonio, alla morte, alle feste sacre e profane, fino all'agricoltura e alla cura delle malattie. Nei contesti rituali, l'uso di odori gradevoli è legato alla credenza del loro potere positivo di attrazione nei confronti, per esempio, della persona amata, di ospiti graditi o di entità soprannaturali che vengono invocate. Quanto agli odori sgradevoli, il loro impiego nelle pratiche rituali è legato alla loro forza repulsiva e al loro potere di allontanare le presenze non gradite o quelle che simboleggiano il male. In numerosi riti di transizione, in tutte le culture del mondo, la presenza degli odori fa pensare, secondo Howes (1987; 1991b), a una relazione intrinseca universalmente fondata tra olfatto e riti di passaggio. Tale connessione risiederebbe nel carattere fugace ed evanescente dell'odore: la sua presenza segnala un processo di trasformazione in corso e simboleggia efficacemente la situazione ambigua dei soggetti dei riti di passaggio. Il rituale della transustanziazione praticato nella tradizione cristiana durante la messa, dove il cambiamento di categoria dal profano al sacro (la sostanza del pane non consacrato e quella del vino si trasformano rispettivamente nel corpo e nel sangue di Cristo) è accompagnato dall'odore dell'incenso che brucia, prova chiaramente il nesso tra olfatto e transizione. Sono tre i fattori a cui Howes attribuisce l'efficacia delle essenze profumate nella buona riuscita di questi riti. A livello logico, la connessione tra odori e transizione va ricercata nel loro essere percepiti più distintamente nella 'zona limite' delle varie situazioni (per esempio, entrando in una stanza ne percepiamo l'odore già sulla soglia, mentre dopo qualche minuto esso non verrà più avvertito per effetto dell'assuefazione). Il secondo fattore è connesso ai loro effetti psicologici, ovvero all'impatto degli odori sulla sfera emotiva e sulla memoria, e quindi al loro potere di modificare gli stati d'animo: sebbene gli odori possano scatenare emozioni e ricordi soggettivi che si sottraggono alla comunicazione sociale, resta il fatto che praticamente in tutte le culture nella comunicazione con le divinità vengono impiegate sostanze aromatiche. Ma c'è ancora un aspetto sociologico: la condivisione di una sostanza profumata in un contesto rituale genera un sentimento di coesione tra i partecipanti, poiché tutti sono 'costretti' a odorare e a odorare la stessa sostanza.

In numerose culture, per ragioni diverse l'odore è spesso un ingrediente fondamentale dei riti funebri: è presente sia nell'evento stesso (il puzzo di putrefazione del cadavere è un segno inconfondibile della cessazione della vita), sia come strumento per contrastare il puzzo del corpo in putrefazione, sia ancora come accompagnamento indispensabile del 'viaggio' che l'anima del defunto deve compiere. In queste cerimonie il carattere di eccezionalità della morte viene sottolineato proprio dagli odori: a prescindere dalla loro funzione, essi segnalano la rottura olfattiva rispetto alla quotidianità. L'usanza diffusa presso parecchi popoli di cospargere il corpo del defunto con oli ed essenze profumate rappresenta, presumibilmente, il tentativo di avere il sopravvento sulla mortalità stessa, attraverso la trasformazione dell'odore sgradevole della decomposizione in odore gradevole (Classen *et al.* 1994: 150 sgg.). In qualche caso poi il nesso tra odori e morte è così stretto da essere manifesto anche a livello semantico-concettuale. Nella lingua degli Ajie della Nuova Caledonia la stessa parola, *bo*, sta a significare l'odore in generale ma anche 'l'odore di morte' (proprio perché per gli Ajie il tratto pertinente di questo evento è costituito dalle sue emanazioni), laddove gli altri termini relativi a odori, necessariamente 'odori di' qualche cosa, richiedono una specificazione

(Fontanelle 1998, citato in Gusman 2004: 93). In moltissime culture gli aromi sono associati anche al matrimonio, e più in generale alla sfera della seduzione e del corteggiamento. Nella cultura araba, per esempio, i capelli, simbolo del confine tra il corpo e il mondo esterno, in prossimità delle nozze sono oggetto di cure particolari. Il rito di sottoporre i capelli della sposa a frequenti lavaggi purificatori con miscugli di sostanze aromatiche, o di cospargerli di oli profumati, è un'usanza piuttosto diffusa, dall'Africa del Nord, nel primo caso, all'India, nel secondo caso. Nel Mediterraneo europeo ricorre invece l'usanza di adornare con i fiori i capelli della sposa. Negli Emirati Arabi Uniti, oltre che ai capelli, una particolare cura è orientata al corpo della sposa, cosparso il giorno delle nozze di una miscela di oli aromatici, e all'abito nuziale, che per diversi giorni viene fatto macerare in acqua di rose, zafferano, zibetto, muschio bianco e nero, per poi essere fumigato con ambra grigia e muschio. Una cura analoga spetta allo sposo, che si esporrà al fumo d'incensi all'aloe e si cospargerà alcune parti del corpo di oli di rosa e di aloe (cfr. gli studi citati in Classen *et al.* 1994: 138-139). In Provenza, poi, gli odori floreali e quelli di piante aromatiche sono usati dal corteggiamento fino alla cerimonia nuziale. La loro presenza 'invadente' nei capelli o nell'abito della sposa, nei bouquet, nelle ghirlande e in altre forme ancora, oltre a creare un'atmosfera piacevole e festosa, è un buon augurio di fertilità e di felicità per la nuova coppia. Nella cultura indiana il nesso tra odori e amore è attestato anche da una coincidenza semantica: lo stesso termine, *mana*, viene usato con il significato di 'unirsi in matrimonio' e con quello di 'emettere un odore' (cfr. gli studi citati in Gusman 2004: 78-81).

In diverse culture, le pratiche olfattive impregnano anche i rituali legati alla nascita. Nel mondo arabo-musulmano essa è dappertutto un evento fortemente contrassegnato dalla presenza di aromi: dalle unzioni del corpo, ai sacchetti profumati posti sotto il cuscino, alle fumigazioni nella stanza, al primo bagno che avviene sempre in acqua aromatizzata. Le sfumature possono variare da una cultura all'altra, ma l'intento è unico: proteggere il piccolo, renderlo più forte e purificarlo. Nel periodo che intercorre tra la nascita e il conferimento del nome ('cerimonia del nome'), il bambino non ancora inserito nella comunità e privo della sua identità va protetto e purificato: sia cospargendo il suo corpo di unguenti profumati che lo fortifichino, sia diffondendo nell'aria odori che lo proteggano contro influenze malefiche e servano a scacciare il malocchio, sia ancora tenendo lontani dalle sue narici odori sgradevoli, indici di pericolosità. L'allattamento al seno è una regola, e le madri sono in genere particolarmente attente all'odore e al gusto del latte, curandosi di scegliere gli alimenti giusti e di evitare quelli interdetti. In Tunisia, per esempio, in genere vengono evitati il pepe, che rende il latte piccante, il limone e altri alimenti acidi che possono conferire al latte un gusto acre, o i cavoli che gli apportano un gusto e un odore sgradevoli (Aubaile-Sallenave 1997: 194). Gli alimenti vietati variano ovviamente da un gruppo all'altro. F. Aubaile-Sallenave (1997, 2004) ci offre un'interessante descrizione della sequenza rituale di pratiche olfattive che coinvolgono il neonato e la madre in diversi popoli del Nord Africa, e in particolare i bambini maghrebini. In queste società, nei primi quaranta giorni dopo la nascita i neonati sono esposti a un gran numero di odori, soprattutto di origine vegetale (usati singolarmente o miscelati), che scandiscono l'intera giornata dei piccoli. In alcune culture tali pratiche possono durare addirittura diversi mesi. Il bambino sta a diretto contatto con il corpo della madre e molto presto, posto sulla sua schiena o sul suo fianco, la seguirà in tutte le sue attività domestiche: da quelle culinarie, ricche di aromi, a quelle relative alla lavatura, con i loro odori specifici, fino alla toilette femminile. La madre è molto attenta anche alla gradevolezza degli odori del proprio corpo, respirati dal bambino a diretto contatto con lei.

Nelle società arabo-musulmane l'onnipresenza di odori diversi, dalla nascita fino a tutta l'infanzia, fa sì che l'olfatto sia molto più sollecitato di quanto non accada nelle società occidentali. Cosicché è inevitabile che nell'individuo adulto permanga una sensibilità particolare verso tutti gli odori, specie per quelli esperiti nel corso dell'infanzia, carichi di sensazioni emotive e di ricordi (Aubaile-Sallenave 1997: 187). Sappiamo, del resto, quanto le esperienze fatte nel contesto in cui cresciamo nei primi anni di vita siano importanti per lo sviluppo delle nostre competenze sensoriali. La grande cura impiegata nell'esporre il bambino a 'buoni' odori ha funzione edonistica e propiziatoria: i buoni odori hanno una valenza positiva, inducono buoni pensieri e buone disposizioni, depurano l'atmosfera dalle forze malefiche e sono di buon augurio per l'avvenire del bambino. Quanto all'odore corporeo, esso conserva l'impronta personale, e il suo essere un marcatore d'identità gli conferisce un'importanza particolare nella relazione madre-figlio.

Gli esempi di comunità umane in cui gli odori, favoriti da un'educazione olfattiva precoce, diventano il perno attorno a cui ruota tutta la modalità d'esistenza (dal modo di percepire e di concepire il mondo, alle diverse pratiche di vita, fino al linguaggio) sono numerosi (cfr. Classen 1993 e Classen *et al.* 1994). Un caso interessante è quello dei Desana della foresta amazzonica colombiana. Questo popolo di cacciatori ha elaborato un'osmologia piuttosto complessa, ricorrendo all'odorato come strumento cognitivo di orientamento e di definizione dello spazio, oltre che di classificazione degli oggetti della realtà (persone, animali e piante). Ogni tribù viene riconosciuta dalla propria emanazione caratteristica, di cui è impregnato anche il territorio in cui vive. Per i Desana quest'impronta olfattiva è il prodotto della combinazione di fattori genetici e fisiologici (l'odore individuale, gli odori scatenati dalle emozioni e quelli dovuti a cambiamenti fisiologici – come l'odore mestruale o di sperma) e di fattori alimentari: loro avrebbero l'aroma muschiato della selvaggina di cui si nutrono, e le tribù vicine dei Tapuya e dei Tukano, rispettivamente pescatori e agricoltori, odorerebbero di pesce gli uni e di frutti dei loro campi (verdure, tuberi e radici) gli altri. Lo stesso principio vale per ogni zona e per ogni pianta o animale proveniente da regioni distinte della giungla: cosicché, attribuiscono un caratteristico odore di selvatico agli animali che vivono nel profondo della foresta e odori più freschi e gradevoli, invece, a quelli provenienti da spazi più aperti. Attraverso questa mappatura olfattiva (*smellscape*) dello spazio in cui vivono, i Desana – che si autodefiniscono con il termine *wira*, che significa «people who smell» (Classen *et al.* 1994: 99) – quando si spostano da una zona all'altra annusano l'aria con attenzione, per scandagliare attraverso il naso gli odori tipici delle tribù stanziate nelle regioni che attraversano. Per loro anche il sesso ha un odore proprio, variabile sempre da una tribù all'altra: gli uomini sanno di carne e le donne di pesce. Tutto il loro mondo concettuale e i loro valori culturali recano l'impronta degli odori in un modo difficilmente comprensibile a noi occidentali. Tale impronta è rinvenibile altresì nella tendenza a classificare olfattivamente le varie entità del mondo anche sulla base del loro significato morale. Al di là delle classificazioni botaniche o zoologiche delle differenti specie, elementi eterogenei come il cervo maschio e la palma vengono ricondotti alla stessa categoria olfattiva, poiché si crede che abbiano odori simili, simbolicamente associati al potere e alla fertilità maschile. Alla valutazione olfattiva non sfuggono neppure gli alimenti, la cui modalità di cottura è determinata dal loro odore caratteristico: per esempio, la carne di selvaggina e quella di alcuni pesci, caratterizzate da uno sgradevole odore muschiato, prima di essere bollite vengono affumicate, per modificarne l'odore; le altre carni, come quasi tutte le verdure, avendo invece un odore meno forte, vengono direttamente bollite.

Nella cultura desana, l'importanza attribuita al controllo della sessualità umana, entro forme socialmente ratificate, si manifesta anche attraverso l'esclusione di alcune modalità di cottura dei cibi. La carne non viene mai fritta e quasi mai arrostita per evitare che sprigioni l'odore alimentare da loro più temuto, quello del grasso bruciato, che ricorda le emanazioni tipiche degli animali nella fase dell'estro, un odore intrinsecamente pericoloso per la sua connotazione sessuale. Anche l'odore 'femminile' attribuito al pesce e quello 'maschile' attribuito alla carne impediscono che vengano cucinati e consumati insieme, per evitare, per così dire, confusioni sessuali: una simile mescolanza per i Desana equivale a un adulterio. Le regole di abbinamento degli alimenti in base ai loro odori sono così importanti in questa cultura che, nell'apprestarsi a mangiare, il nostro consueto 'buon appetito' è sostituito dal termine *mereké*, il cui significato è grosso modo 'fai attenzione al corretto abbinamento degli alimenti'. L'attenzione olfattiva dei Desana si palesa ancora nei rapporti umani, in quelli di coppia in particolare, dove la credenza che i membri di una stessa tribù abbiano un odore simile determina anche le loro scelte in fatto di matrimoni: non è possibile sposare persone della propria tribù e i matrimoni possono avvenire solo tra individui con odori diversi. La funzione sociale di questo tabù olfattivo è ovviamente quella di impedire l'incesto, scoraggiando il matrimonio tra consanguinei. E, d'altro canto, l'obbligo dell'esogamia reca come conseguenza l'allargamento dei rapporti sociali. La norma di sposare individui di tribù diverse dalla propria è suggellata poi da un rito nel corso del quale vi è uno scambio di doni: la tribù che dona del pesce riceve della carne in cambio e viceversa.

Naturalmente, nella cultura desana gli odori sono coinvolti anche in altre pratiche rituali, come quelle per esempio legate alla caccia, la loro attività preminente. La caccia è solo un affare da uomini, i quali, prima di raggiungere la pubertà, vengono preparati ad essa attraverso l'ingestione di quantità sempre maggiori di infusi di erbe aromatiche depurative. Gli uomini, poi, prima di iniziare la caccia co-

spargono le armi e il corpo con erbe aromatiche accuratamente scelte (le stesse utilizzate da tutti i maschi della tribù
per sedurre olfattivamente le donne): ad esse viene attribuito il potere di attirare le prede e al contempo di accrescere le possibilità riproduttive degli animali. Nella cultura desana la preminenza dell'odorato si integra in un complesso sistema di sinestesie, cioè di corrispondenze e di associazioni tra odori, gusti e colori e tra odori, sapori, suoni, colori e temperature, veicolo di valori morali. Il rosso
porpora, per esempio, viene associato alla decomposizione, e dunque a un odore rancido e a un gusto acido, tipici
per loro della carne marcia e della frutta troppo matura.
Anche gli animali, come gran parte degli elementi della
realtà, vengono classificati sulla base di attributi sensoriali diversi: un odore particolare, un colore, un gusto, un
timbro di voce ecc. I Desana credono inoltre che tale complessità sensoriale sia presente anche nella loro mente,
suddivisa in compartimenti in cui sarebbero alloggiati
odori, suoni, sapori, colori ecc. (cfr. le ricerche di Reichel-
Dolmatoff, citate in Classen *et al.* 1994: 98-122).

Un caso singolare è poi quello dei Dogon del Mali, un
popolo dell'Africa occidentale convinto che vi sia un nesso intrinseco tra odori e suoni – entrambi viaggiano nel-
l'aria – al punto che nella loro lingua gli odori 'si ascolta-
no'. Essi, inoltre, attribuiscono al linguaggio un odore particolare e identificano il parlare corretto con un buon odore (quello di olio e di cucina a loro gradito), e credono che
avere l'alito profumato aiuti a esprimersi correttamente.
La parlata nasale, al contrario, per il suo carattere chiuso
e stagnante è associata al tanfo di putrefazione e alle stre-
ghe. Alla credenza di un'interdipendenza tra odore e linguaggio è collegata la pratica di fare un buco nel naso ai
ragazzi di 10-12 anni che commettono errori di grammati-
ca o di pronuncia, per risolvere il problema (ivi: 119).

Questi esempi sono già sufficienti a darci un'idea della
diversa attenzione riservata all'olfatto in culture lontane
da quelle occidentali, nonché dell'influenza esercitata dai

modelli culturali e dalle esperienze di vita sulle risposte che diamo agli stimoli e sui giudizi di valore espressi su un odore o su un cibo. La scarsa corrispondenza tra questi giudizi da un popolo all'altro trova spiegazione nel fondamento tanto biologico quanto culturale delle nostre sensazioni: nello sviluppo delle abilità percettive interagiscono, e si rafforzano reciprocamente, fattori innati e fattori ambientali. Non esistono pertanto invarianti genetiche (limiti biologici irreversibili) sulle quali l'ambiente socio-culturale non possa esercitare in una certa misura la propria azione modificatrice. A parità di dotazioni biologiche (il meccanismo di percezione sensoriale e lo stimolo percepito sono uguali per tutti), l'ambiente socio-culturale incide sul modo in cui il cervello elabora gli stimoli. Il diverso modo di elaborare e di valutare le informazioni sensoriali – condizionato dalle facoltà cognitive superiori (attenzione, memoria, giudizio), plasmate almeno in parte dalla biografia di ciascun individuo e dai filtri culturali – determina un diverso sviluppo cerebrale, e quindi modalità di percezione, di pensiero, di categorizzazione della realtà (e più in generale di comportamento) non del tutto condivisibili tra una cultura e un'altra (Gusman 2004: 143-149). I contributi dell'antropologia sensoriale, e di quella olfattiva in particolare, sono un invito, quindi, a superare atteggiamenti di etnocentrismo percettivo e a non ignorare l'importanza che nelle società non occidentali assumono sfere di significato accessibili non solo all'occhio.

2

La semiosi chimica

2.1. *La comunicazione olfattiva*

Ancora prima di essere sostanza pensante, noi umani siamo esseri sensibili. Continuamente investiti da impressioni sensoriali, attraverso il corpo sperimentiamo la nostra esistenza e trasformiamo «il flusso incessante delle cose [...] in immagini, suoni, odori, tessiture, colori, paesaggi ecc.» dando forma a significati precisi (Le Breton 2006: XIII). Tutte le modalità di senso possono essere considerate veicoli semiotici, «informatori per l'anima» (Dalgarno, *Ars signorum*, 1661) tramite i quali interagiamo con il mondo, raccogliendo informazioni utili che il nostro cervello interpreta immediatamente per organizzare una reazione. I sensi definiscono i limiti della nostra coscienza e della nostra conoscenza inserendoci nel mondo in un modo unico: come dei filtri, trattengono solo ciò che biologicamente e culturalmente si rivela necessario all'esistenza specificamente umana. E questo vale per ogni specie animale la cui forma di vita è 'costretta' in un universo fenomenico peculiare e per certi versi esclusivo (Gibson 1966). Con una sola differenza: le varie specie animali nascono con un equipaggiamento sensoriale già definito geneticamente, mentre nell'uomo la diversa educazione culturale, una precisa esperienza e la personalità consentono di arricchire o comunque di esercitare in misura diversa le possibilità percettive di cui egli è dotato biologicamente. Ogni specie vive e percepisce un diverso ambiente stabilendo con esso una relazione regolata dalle possibilità apertele dalle sue attrezzature neurosensoriali. Il mondo percepito da una determinata specie è solo di quella specie, diverso da qualsiasi altro e limitato alle proprietà dell'ambiente circostante accessibili ai suoi organi di senso e dimostratesi evolutivamente utili alla sua sopravvivenza. I molteplici segnali che noi esseri umani non siamo in grado di udire, odorare, gustare o toccare, perché al di fuori del nostro specifico orizzonte percettivo, sono comunque reali e salienti per altre specie. Di conseguenza, anche i sistemi di comunicazione di cui dispongono le diverse specie animali saranno commisurati alle peculiarità dell'ambiente soggettivo della specie che li possiede. La nostra vista è indubbiamente più debole di quella di un'aquila, ma le nostre mani sono di una stupefacente sofisticatezza, rivelatasi evidentemente più necessaria per la nostra sopravvivenza e per la nostra cognitività; il nostro udito non è straordinario come quello di un pipistrello, ma i suoi limiti percettivi ci hanno permesso di sviluppare la parola e di caratterizzarci come gli unici animali linguistici. In un certo senso, afferma D. Ackerman (1990: XVI), «viviamo al guinzaglio dei sensi: se da un lato i sensi allargano i nostri confini, dall'altro ci limitano e ci vincolano, ma in che modo meraviglioso!».

Se le diverse specie animali sono equipaggiate grosso modo di un corredo sensoriale comparabile, nel senso che occhi, orecchie, naso, senso dell'equilibrio, tattilità e papille gustative presentano delle similitudini, tuttavia in ogni specie le differenze nella sensibilità e nel campo di applicazione dei segni sono enormi e per di più specie-specifiche. I pesci, ad esempio, a eccezione di qualche specie abissale, non sentono e hanno una vista poco sviluppata: nondimeno, navigando nelle profondità oscure delle acque, per sopravvivere vengono sorretti da segnali tattili (percepiti sotto forma di vibrazioni, cioè di rumori), olfattivi ed elettrici. Pur vedendo perfettamente anche al buio, i gatti di giorno hanno una visione praticamente incolore. I pipistrelli sono dotati di un orecchio finissimo grazie al quale possono navigare al buio. Il loro apparato uditivo è capace di percepire gli ultrasuoni e di ecolocalizzare con precisione le prede e gli ostacoli anche nell'oscurità, ma non è sensibile alla voce umana, per loro del resto irrilevante. I cani hanno un olfatto ipersviluppato e oltremodo raffinato, all'incirca alcune centinaia di volte più sensibile di quello umano: i cani da valanga sono capaci, per esempio, di localizzare una persona sepolta sotto la neve a diversi metri di profondità. Ma è anche vero che noi umani, pur essendo considerati microsmatici, siamo gli unici animali in grado, per esempio, di apprezzare lo squisito profumo dei fiori, di combinare sostanze odorose per creare essenze e profumi, di degustare e di descrivere un vino o un cibo avvalendoci della competenza del naso. Nonostante, quindi, le analogie funzionali e anatomiche dei sistemi sensoriali, nell'universo animale i mondi sensibili da una specie all'altra non coincidono.

Come qualsiasi altra modalità sensoriale, e in quanto meccanismo di trasmissione d'informazioni, la percezione degli odori può essere considerata un linguaggio non verbale mediante il quale acquisiamo conoscenze sull'ambiente chimico, regoliamo i nostri comportamenti sociali e agiamo (in modo più o meno consapevole) sul comportamento di un individuo (in genere cospecifico). Anzi, probabilmente il più antico sistema di lettura ambientale e di comunicazione animale si origina da messaggi chimici emessi nell'acqua.

Quando le prime cellule dotate di motilità comparvero sulla Terra presumibilmente usavano della sensibilità chimica per ricercare e trovare le fonti alimentari, esattamente come tuttora fanno i protozoi. E come comparve la sessualità, sostanze chimiche vennero utilizzate per aumentare le probabilità di incontro tra i sessi. [...] Esistono certe amebe che vivono nel limo che offrono un esempio suggestivo di come i messaggi chimici giocarono una parte importante in questo delicato, critico, fondamentale momento per l'evoluzione dei viventi (Mainardi 2002: 85-86).

Se la sensibilità chimica – come si vedrà più avanti – è la sensibilità più antica sia sotto il profilo filogenetico sia sotto quello ontogenetico, altrettanto precocemente deve essersi sviluppata la possibilità di influenzare il comportamento e lo stato fisiologico degli individui della stessa specie attraverso l'emanazione di odori specifici. Nell'*Historia animalium* (d'ora in avanti *HA*) di Aristotele – pioniere dell'etologia, autore della prima descrizione del comportamento nel mondo animale – per la prima volta si parla di quella che oggi definiamo 'comunicazione chimica'. Egli osservava, per esempio, che nella stagione dell'accoppiamento le cavalle liberano dai genitali un flusso simile al liquido seminale e che si vede chiaramente quando sia le giumente sia le mucche vanno in calore perché urinano di continuo. Stando alle conoscenze attuali, Aristotele si riferiva implicitamente alla comunicazione di tipo feromonale, sulla quale ci soffermeremo più avanti. Dal canto loro, rileva ancora Aristotele, gli stalloni sanno distinguere dall'odore le femmine del loro branco, anche se hanno trascorso insieme solo pochi giorni prima dell'accoppiamento: se femmine estranee durante il pascolo si mescolano a quelle del loro branco vengono cacciate a morsi (*HA* lib. VI: 572a-573a).

Anche il nostro olfatto s'inscrive nel registro della comunicazione chimica, impiegata dagli organismi più diversi, a partire da quelli unicellulari come i batteri fino alle formiche, alle api, alle farfalle, ai porcospini, ai salmoni, ai cani da caccia e a numerose altre specie animali. Abituati ad attribuire molta importanza alla vista e all'udito e a considerare l'odorato un senso primitivo e quasi super-

fluo, noi umani abbiamo difficoltà persino a comprendere perché un animale, pur dotato di una buona vista, pre-
ferisca ricorrere al naso. Tuttavia è proprio questo senso a
svolgere un ruolo dominante in natura, al punto che numerose specie animali, ad esempio i pesci, la cui vista è fortemente limitata dal mezzo liquido, non riuscirebbero mai
a cavarsela senza il loro fiuto. La comunicazione olfattiva
insieme a quella tattile è il sistema semiotico più primitivo
e anche il più fondamentale. Attiva ventiquattro ore al
giorno, per gli organismi più elevati è indispensabile per la
vita, altrimenti impossibile. Tra i più usati nel mondo animale, soprattutto dagli insetti e da tutti gli invertebrati, il
canale chimico è comunque presente in tutti gli organismi,
uomo incluso. I batteri comunicano esclusivamente attraverso questa via, e anche le piante interagiscono fra loro e
con gli animali (in particolare con gli insetti, ma anche con
l'uomo) attraverso gli aromi. Un gruppo di scienziati americani e israeliani ha scoperto che persino l'atto del conce-
pimento è il frutto di una seduzione di tipo chimico: l'incontro tra l'ovulo maturo e lo spermatozoo è reso possibile dalla dispersione di molecole odorose nell'organo sessuale, le quali segnalerebbero agli spermatozoi la presenza dell'ovulo guidandoli fino ad esso. La prova che il con-
cepimento è frutto di una comunicazione chimica è stata
fornita nel corso di interventi di fecondazione artificiale
attraverso il prelievo del liquido che circonda l'ovulo di-
venuto maturo e liberato dal follicolo dell'ovaio. Durante
un esperimento si è visto come una minuscola goccia di
questo liquido introdotta in una provetta in cui sono presenti cellule sessuali maschili basti ad attirarle tutte in
quella direzione e a farle arrestare solo quando hanno raggiunto il punto in cui è stata introdotta la goccia (cfr. Soldera 1995b: 27-28). È suggestivo scoprire solo oggi che sin
dalla notte dei tempi l'arma seduttiva usata dalle donne
per sottolineare la propria femminilità e attrarre un uomo
(cioè un profumo) sia la stessa impiegata dall'ovulo per

condurre verso di sé gli spermatozoi: solo uno di essi sarà sedotto dal 'profumo di vita'.

Veicolo di un numero immenso di messaggi di varia natura, la semiosi chimica consente di agire efficacemente in un ampio raggio di situazioni e raggiunge solo nei mammiferi il massimo grado di complessità, rivelandosi vantaggiosa soprattutto per le bestie che vivono in branco (lupi, leoni ecc.): permette di distinguere i vari individui e di identificarne anche lo stato emotivo; ha un ruolo essenziale nei rapporti intersoggettivi (nella categorizzazione sociale, nell'attrazione interpersonale e nella competizione), specialmente nella relazione madre-figlio; è un aiuto nella ricerca del cibo e nel saggiarne la commestibilità; segnala la pericolosità di un luogo; è una guida di cui si avvalgono spesso gli animali sbandati per ritrovare o seguire il loro branco; e ancora, permette di marcare il territorio proprio di ciascun individuo, di riconoscere i membri del gruppo e di stabilire gerarchie, di stimolare la sessualità e consentire la riproduzione, di individuare la preda o la presenza di un nemico e di cooperare per attività di difesa e di approvvigionamento (Doty 1986). Insomma, «quando possono, i mammiferi preferiscono usare gli odori, intessendo canti olfattivi non meno complessi e originali del cinguettio degli uccelli» (Ackerman 1990: 27). Ma anche gli squali e gli insetti sociali, come formiche o api, si affidano alla sensibilità chimica per scambiarsi informazioni necessarie per la permanenza nell'ambiente. In alcune specie d'insetti essa è estremamente sviluppata e svolge una funzione semiotica decisiva: seguendo la traccia odorosa prodotta dalla femmina, il maschio della farfalla del baco da seta, per esempio, riesce a localizzarla fino a una distanza di quattro o cinque chilometri. In altri casi, l'olfatto viene sostituito dalla vista: per esempio per alcuni animali che volano a una grande altezza, dove l'aria è più rarefatta e gli odori si dissolvono in fretta, vedere risulta di gran lunga più importante e vantaggioso. Sebbene la sua attività prevalente sia di trasmettere informazioni di vario tipo, necessarie per la sopravvivenza di organismi evoluti, il congegno olfattivo in genere non viene considerato un sistema semiotico importante (Hall 1966: 63-67). Probabilmente anche a causa del suo carattere elementare: in genere il processo di segnalazione chimica è chiuso e immediato e, non richiedendo alcuna interpretazione, scatena reazioni comportamentali univocamente determinate (Cimatti 1998: 28-29). Nulla di sorprendente, se pensiamo che gran parte della comunicazione animale si basa su dispositivi sociali geneticamente determinati in modo diretto, che agiscono come stimolo-segnale per altri cospecifici inducendoli a comportamenti adattivamente efficaci. I messaggi olfattivi hanno poi un carattere fortemente imperativo che non lascia possibilità di scelta, incitando fermamente a una certa condotta. Nella prassi, però, i sistemi chimici si rivelano canali di informazione preziosi ed estremamente potenti, con effetti così specifici ed esatti da consentire a un organismo di agire efficacemente in una vasta gamma di contesti e di riprodursi perfettamente: «i messaggi chimici sono così completi e specifici – afferma E.T. Hall (1966: 64-65) – che si può dire che superino di gran lunga, per organizzazione e complessità, qualsiasi sistema di comunicazione che l'uomo abbia mai creato, compresi sia il linguaggio in tutte le sue forme – parlata, scritta, o matematica – che l'insieme di operazioni compiute su vari generi di informazioni dai più moderni computer».

I messaggi chimici hanno altresì un carattere persistente e duraturo, nel senso che i segnali possono protrarsi anche per lunghi periodi di tempo e in assenza dell'emittente: in genere gli odori – almeno per quanto concerne l'uomo – si ricordano molto più a lungo delle immagini, e questa per T. Engen è la proprietà dell'olfatto che maggiormente influisce sul comportamento umano (Engen 1986; Engen, Ross 1973). Sembra che i lupi, per esempio, siano capaci di costruirsi una mappa mentale olfattiva dei confini del loro territorio e di quelli dei branchi vicini sfruttando informazioni chimiche provenienti da feci e urine, se-

gnali che possono durare fino a ventitré giorni, per essere
poi rinnovati periodicamente in tempo utile e in modo non
casuale. La persistenza di un segnale può essere tale da
informare un animale di un fatto accaduto a un cospecifico che lo ha preceduto: una renna, per esempio, arrivan-
do in un luogo può fuggire dopo aver percepito l'odore di
sostanze espulse dalle ghiandole degli zoccoli del suo pre-
decessore terrorizzato poco prima in quello stesso luogo
(Lenti Boero, Puntellini 2000: 44; Hall 1966: 66). La permanenza del segnale anche in assenza dell'emittente può
essere però un vantaggio, per esempio quando serve a delimitare i confini del territorio, e insieme uno svantaggio,
nel caso in cui a un messaggio sia necessario farne seguire
un altro. Senza considerare che la persistenza del segnale
limita la velocità di trasmissione dell'informazione. I segnali chimici inoltre sono 'segni' anche perché dotati di indicalità e di iconicità, due modi fondamentali di fare segni
in senso peirciano. Entrambe queste forme di semiosi rinviano a relazioni segniche di tipo naturale, quali la connessione esistenziale e la similarità. Riguardo all'indicalità,
gli odori, naturali e non, possono essere indici di stati fisiologici e di stati emotivi, di salute o di patologia, di attrazione o di repulsione, di pericolo o di sicurezza, ma anche di abitudini e costumi culturali, e possono anche funzionare da indicatori prossemici. Per di più, gli studi sulla
funzione distintiva dei feromoni hanno fatto sì che gli odori corporei umani, 'firme chimiche' assolutamente uniche,
siano paragonati alle impronte digitali individuali e al sistema immunitario altrettanto unico (Schleidt 1997: 17).

Lo stesso Ch.S. Peirce – «in un brano sorprendentemente poetico eppure raramente ricordato», fa osservare
lo zoosemiotico Th. Sebeok (2001: 131) – afferma che gli
odori sono «segni in più di un senso», che «hanno una notevole tendenza ad imporre la loro presenza [...], vale a dire, mediante l'associazione contigua, in cui gli odori sono
particolarmente adatti per agire come segni». E di seguito, ma con un tono più personale, scrive: «Il profumo pre-

ferito di una donna mi sembra accordarsi in qualche maniera con quello del suo essere spirituale. [...] Sicuramente ci deve essere qualche sottile somiglianza tra l'odore e l'impressione che ricevo dalla natura di questa o di quell'altra donna» (Peirce 1931-1960, *CP*: I.313, citato in Sebeok 2001: 131). La doppia segnicità degli odori rinvia al fatto che possono avere anche una funzione iconica. Ne è un esempio la sostanza odorosa con cui alcune specie di formiche trasmettono l'allarme, variabile in proporzione analoga all'aumentare o al diminuire del pericolo: quando il pericolo per la colonia è momentaneo, il segnale (una data quantità di feromone emessa da una formica) svanisce con una certa rapidità, senza allarmare tutta la colonia; quando è persistente, la sostanza si propaga coinvolgendo un numero sempre più alto di formiche. E in altre specie di formiche la funzione iconica svolta da un segnale chimico si manifesta nella quantità di feromone, liberata in misura direttamente proporzionale alla quantità e alla qualità della fonte del cibo individuata: così, al diminuire della fonte del cibo e dell'intensità della traccia olfattiva che funge da segnale guida, verrà meno anche la funzione attrattiva della stessa e si ridurrà di conseguenza pure il numero delle formiche procacciatrici. La durata della traccia in relazione alla quantità di cibo da segnalare (un messaggio chiaramente iconico) rappresenta poi un prodigio di razionalizzazione economica dell'impiego della sostanza odorosa, cosicché il numero delle operaie non arriva mai a superare la quantità necessaria ed economicamente funzionale: insomma non capiterà mai che al perdurare di una traccia corrisponda l'esaurimento della fonte di cibo (Dröscher 1966: 140; Sebeok 2001: 138).

2.2. *Filogenesi dell'odorato*

Per comprendere la funzione cognitiva esercitata dall'olfatto nella forma di vita umana non si può prescindere da alcuni dati essenziali sulla sua evoluzione filogenetica. Benché tutti gli esseri viventi siano dotati di sensibilità chimica, la storia naturale dell'odorato propriamente detto ha origine con i pesci, quindi molto tempo prima che gli antenati dell'uomo, all'incirca trecento milioni di anni fa, adottassero uno stile di vita terrestre a contatto con l'aria. Diversamente dall'udito e dalla vista che non utilizzano particolari sostanze, venendo stimolati piuttosto da fenomeni energetici, le sensazioni chimiche sono sollecitate dalle molecole odorose disciolte nell'acqua o nell'aria. Prima ancora dello sviluppo di organi specializzati e di vie nervose specifiche, l'odorato vero e proprio è stato preceduto da una sensibilità chimica primitiva, presente già nei primi organismi unicellulari. I batteri, per esempio, pur essendo privi di cervello, sono dotati di chemiorecettori grazie ai quali sono attratti da sostanze necessarie alla loro sopravvivenza e respinti da sostanze dannose (possono riconoscere una nuova fonte di cibo e dirigervisi seguendo segnali chimici). Ma un sistema di chemiocomunicazione esisteva anche all'interno dei confini della stessa cellula procariota, per consentire il contatto tra la membrana e il nucleo e tra il nucleo e gli organelli cellulari. Ciò dimostra come la storia filogenetica della comunicazione chimica coincida con quella della vita, una storia che ha inizio nell'acqua: l'odore avrebbe determinato l'interazione chimica che permise alle prime cellule disperse nelle acque primordiali di aggregarsi. Sicché, diversi milioni di anni prima che i vertebrati si avventurassero fuori dall'ambiente acquatico per colonizzare la terraferma, la chemiocomunicazione era già notevolmente sviluppata, al punto da rappresentare un sistema vecchio quanto la vita stessa (Stoddart 1990: 13-14). Differenziandosi a partire dagli anfibi e dai rettili, presso i quali fece la sua apparizione anche il sistema olfattivo accessorio (l'organo vomeronasale), l'odorato raggiunse la sua forma più evoluta nei mammiferi. Con la comparsa poi dell'atto della riproduzione sessuale nelle forme di vita superiori, la comunicazione tra individui distinti assunse un nuovo ruolo biologico, quello di allertare un individuo sulla presenza di un cospecifico nelle vicinanze, affidandolo proprio al senso dell'olfatto. E le sostanze chimiche vennero utilizzate per accrescere le probabilità di incontro tra i sessi. Ma il meccanismo che in origine ha permesso la riproduzione sessuale non sembra essersi ulteriormente perfezionato nel corso della filogenesi, conservando una certa stabilità ed evidenti similitudini con quello di specie molto lontane.

In origine l'olfatto e il gusto costituivano un unico senso chimico adatto alla percezione acquatica, conservato ancora oggi in alcune specie meno evolute: gli squali, per esempio, avvertono l'odore e il gusto del sangue anche a distanza di chilometri, e i serpenti, d'altro canto, odorano con la lingua. Parallelamente all'adozione di uno stile di vita terrestre, le due modalità percettive, pur restando vicine, si sono differenziate per consentire un nuovo adattamento biologico nell'aria. I pesci, come s'è già detto, sono i primi organismi dotati di un organo olfattivo chiaramente identificabile, usato per percepire e riconoscere determinate sostanze nel loro ambiente naturale. Essi sono in grado di fiutare non solo col naso ma anche con una larga parte dell'epidermide, e alcune specie, come le stelle marine, hanno un olfatto così sensibile da consentire loro di fiutare una preda, per esempio un mollusco, attraverso strati di sabbia o di terra molto compatti (Dröscher 1966: 113-114). Diversi esperimenti condotti a partire dagli anni Trenta del secolo scorso hanno dimostrato che salmoni ormai adulti sono capaci nel corso delle lunghe migrazioni marine di ritrovare, a numerose centinaia di chilometri di distanza, il fiume in cui sono nati e dove tornano a deporre le loro uova tra i numerosi ruscelli che incontrano nel percorso di ritorno, seguendo le tracce olfattive del corso d'acqua conosciuto nell'infanzia o probabilmente riconoscendo odori specifici – cioè feromoni in senso stretto – più o meno come fanno i cani da fiuto. Pare, infatti, che le componenti del mondo vegetale dei bacini fluviali conferiscano a questi specchi d'acqua un aroma caratteristico e diverso da un fiume all'altro (ivi: 118-123; Holley 1999: 24-29).

In una forma più o meno progredita l'odorato è presente in tutti i vertebrati terrestri, dagli anfibi ai rettili, agli uccelli fino ai mammiferi. I rettili presentano un olfatto ben sviluppato e come altre specie, soprattutto mammiferi, sono dotati inoltre di una chemiosensorialità accessoria (l'organo vomeronasale compare filogeneticamente proprio con gli anfibi). I serpenti ricorrono a questo 'senso di contatto' molto più dei mammiferi, sia nei comportamenti sessuali, sia in quelli di ricerca della preda. Quanto agli uccelli, animali in genere più visivi che olfattivi, alcune specie notturne hanno un olfatto più sviluppato necessario per la ricerca del cibo nell'oscurità, altre lo utilizzano per la navigazione. È il caso dei piccioni viaggiatori, navigatori eccellenti la cui possibilità di ritrovare la strada di casa sembrerebbe affidata al fiuto. Già dagli anni Settanta alcuni esperimenti lasciano ipotizzare che i piccioni (uccelli che tipicamente volano di notte) siano capaci di costruirsi mappe mentali olfattive associando odori familiari e direzione dei venti dominanti: grazie ad esse riuscirebbero a ritornare alla colombaia dopo essere stati trasportati a grandi distanze e poi liberati (cfr. Papi *et al.* 1992, citato in Holley 1999: 31, e Kiepenheuer, citato in Alcock 1998: 114-118). Solo nei mammiferi, tuttavia, la semiosi olfattiva ha raggiunto forme più sofisticate orientando in modo più sistematico i loro comportamenti. E d'altro canto i primi mammiferi, a dispetto della loro stazza ridotta, sopravvissero ai dinosauri, animali prevalentemente visivi, non per la vista ma per l'olfatto. Costretti a nascondersi durante il giorno per sfuggire agli enormi rettili che dominavano il pianeta, quasi ciechi ma dotati di un naso e di orecchie prominenti, i mammiferi ancestrali erano creature notturne: nell'oscurità dell'universo odoroso hanno dovuto sviluppare un cervello più complesso che consentisse loro, oltre al riconoscimento degli odori, la conservazione delle tracce del cibo, del partner e del predatore. La sensibilità chimica si ridusse progressivamente, al punto da diventare superflua per la caccia, soltanto quando gli antenati dell'uomo lasciarono le foreste per condurre una vita diurna: la nuova modalità d'esistenza rendeva necessaria una vista più sviluppata. Nei preominidi poi, e maggiormente nei primi uomini, il sistema audio-vocale diventò l'equivalente del naso e questo permise di conseguenza lo sviluppo del linguaggio verbale (Jerison 1982, citato in Stoddart 1990: 267-268).

L'anatomista inglese W.E. Le Gros Clark (1952), nel sottolineare l'importanza dell'odorato nell'evoluzione dell'*Homo sapiens*, ha addirittura ribaltato il *cogito ergo sum* cartesiano in *olfacio ergo cogito*. Nei primati (animali microsmatici) del resto i centri olfattivi sono meno importanti delle aree del tatto, della vista e dell'udito. Nell'uomo invece, a dispetto dell'evidente ridimensionamento anatomico dell'olfatto e della sua incidenza comportamentale, la sua attività è ancora importante, come si vedrà, per la vita sessuale e riproduttiva, per la creazione dei legami d'attaccamento madre-figlio e per le interazioni sociali in genere. Senza contare che gli odori, fonte di piacere e di significati emotivi, danno sapore al vivere quotidiano. Gli indici olfattivi sono i più studiati nella comunicazione dei mammiferi soprattutto per la loro importanza nella creazione della relazione tra madre e figlio. Ciechi alla nascita, i cuccioli di canguri, di conigli e di molti altri mammiferi trovano il capezzolo fidando sull'olfatto. In alcune specie il riconoscimento precoce dell'odore materno e viceversa di quello della propria prole è una condizione necessaria per la sopravvivenza, al punto che se i piccoli alla nascita presentano disfunzioni olfattive – o vengono resi anosmici sperimentalmente – non sopravviveranno. Per esempio, nelle capre e nelle pecore (soprattutto nel caso delle primipare) la messa in atto del comportamento materno e la creazione di un legame forte ed esclusivo con i propri piccoli dipendono da una condizione necessaria: la rapida presa di contatto con la prole nelle ore immediatamente successive al parto. L'unicità di tale legame si fonda sulla conoscenza olfattiva acquisita durante questo preciso periodo sensibile: per diverse ore dopo la nascita le pecore leccano i loro agnellini, familiarizzando rapidamente con il loro odore mescolato a quelli provenienti dal liquido amniotico. Solo attraverso lo stabilirsi di un legame di riconoscimento olfattivo la madre si prenderà cura dei suoi piccoli. Se l'agnello viene lavato, infatti, la presa di contatto viene perturbata (Smith *et al.* 1966; Signoret *et al.* 1997; Holley 1999: 40-44).

2.3. *Segnali profumati e sopravvivenza: la scoperta dei feromoni*

Con l'espressione 'comunicazione chimica' in genere s'intende quella forma di semiosi affidata a sostanze organiche dette feromoni, odori biologicamente significativi utilizzati tra individui della stessa specie. Oltre a emettere odori particolari, gli animali dispongono infatti di efficacissimi messaggeri chimici importanti per la sopravvivenza e per l'adattamento: veicoli di informazioni precise capaci di scatenare risposte immediate nel ricevente o di modificarne lo stato fisiologico. Paragonabili agli ormoni, con la differenza che il loro effetto è esterno al corpo, i feromoni – dal greco *phérein* (portare) e *hormàn* (eccitare) – sono secrezioni emanate dai membri di una specie per influenzare i cospecifici. Secreti nello stato liquido, sono trasmessi sia allo stato liquido sia a quello gassoso. In alcuni casi possono essere individuati a distanza tramite l'olfatto; in altri da vicino (sulla superficie del corpo dell'animale che li emette), attraverso l'olfatto o il gusto, grazie all'azione dell'organo vomeronasale – senso di 'contatto' che ha accesso alle molecole non volatili; in altri ancora vengono liberati allo stato liquido e permanendo per periodi di tempo abbastanza lunghi diventano indici olfattivi per gli animali di passaggio. A partire dalla loro scoperta alla fine degli anni Cinquanta, ad opera di un gruppo di ricercatori tedeschi, ne è stata subito chiara la duplice natura e funzione e si è compresa meglio l'importanza degli odori nella comunicazione e nel comportamento degli animali. Esistono, infatti, due tipi di feromoni: 'scatenanti' (*releasing pheromones*) e 'innescanti' (*priming pheromones*). I primi suscitano nel ricevente risposte comportamentali immediate, i secondi generano invece un cambiamento dello stato fisiologico e/o comportamentale anche di lunga durata. Solo i feromoni scatenanti, attivi direttamente sul sistema nervoso centrale, possono essere considerati a tutti gli effetti odori comunicativi. Ne sono esempi gli attraenti sessuali e le sostanze d'allarme, molto usate soprattutto in numerose specie di pesci per provocare negli altri individui reazioni di paura. Gli innescanti invece, mediati per via endocrina, vengono secreti all'esterno per regolare la vita sociale del gruppo: la loro azione influenza indirettamente lo stato fisiologico dei cospecifici con effetti non immediati.

Tutte le specie sfruttano il potere di provocare un effetto sulla regolazione biologica interna di un cospecifico per migliorare il processo di riproduzione e accrescere le loro possibilità di sopravvivenza. Svolgono questa funzione, per esempio, gli odori che modificano la fisiologia riproduttiva dei roditori o che marcano i confini del territorio (come le frequenti minzioni dei canidi sugli oggetti incontrati lungo il percorso: tronchi d'albero, muri, ruote d'auto parcheggiate, sassi ecc.). Ci sono anche sostanze chimiche che possono svolgere entrambe le funzioni. I feromoni possono inoltre essere a breve raggio, quando agiscono e vengono riconosciuti a breve distanza; o a lungo raggio, quando agiscono invece a grande distanza permettendo lo scambio di informazioni tra individui lontani gli uni dagli altri: il loro raggio d'azione può essere, per esempio, di undici chilometri in alcune farfalle notturne e di tre in una cagna in calore. In tutti i casi, gli indici feromonali sono attivi a basse concentrazioni, richiedono un dispendio energetico minimo e hanno il vantaggio di far pervenire un messaggio a lunga distanza, dove i segnali uditivi o visivi non sono sufficienti, oppure di rinforzare questi ultimi. Il deposito di tali sostanze, liberate spesso attraverso feci o urine, non ha necessariamente valore semiotico in senso stretto, non sempre cioè è destinato a un congenere. Nelle specie solitarie, infatti, l'emittente è al contempo il ricevente di una sorta di comunicazione destinata a se stesso (Wilson 1968: 83-84; Mainardi 2002: 86; Holley 1999: 39-40, 191). Questi messaggeri invisibili presentano una caratteristica pressoché unica: dopo il passaggio dell'animale possono essere lasciati come segnale permanente o comunque duraturo. È il caso delle secrezioni chimiche usate per marcare i confini del territorio o il percorso, o come contrassegni individuali per il riconoscimento del nido. Esse sembrano sfuggire al fenomeno comune dell'adattamento olfattivo, i cui effetti secondo Engen sono sovrastimati nel caso della comunicazione chimica degli animali. Si pensi a quelle specie che usano tracce olfattive per trovare del cibo o un partner o anche per delimitare il territorio: se l'indizio scomparisse a metà strada per effetto dell'assuefazione la loro sopravvivenza nell'ambiente sarebbe estremamente difficile (Engen 1982: 73).

Il primo feromone identificato negli anni Cinquanta è stato il *bombicolo*, l'attraente sessuale liberato dalla farfalla del baco da seta (*Bombix mori*), capace di richiamare a sé un maschio nel raggio di diversi chilometri. Poche molecole di uno speciale profumo 'sessuale' emanato dalla farfalla femmina e avvertite dal maschio attraverso le antenne sono sufficienti a metterlo in cammino verso l'ambita meta. Il 'naso' del maschio è in un certo senso specializzato nella percezione di un'unica sostanza odorante e reagisce, rilevandola a grande distanza, solo se si tratta di quella sostanza e non di un'altra. Il segreto per l'accoppiamento tra due cospecifici si racchiude nella sensibilità a un odore particolare, e la percezione di questa unicità olfattiva impedisce ovviamente l'imbastardimento di due specie animali. I feromoni sessuali più conosciuti sono quelli degli insetti, ma dagli anni Sessanta sono stati individuati anche nei crostacei e nei vertebrati, in particolare nei pesci e nei mammiferi. Si ritiene che esistano almeno mezzo milione di profumi esca di tipo diverso solo tra gli insetti (Dröscher 1966: 123-129). Benché si tratti della modalità di comunicazione più antica e più diffusa nel mondo animale, il linguaggio chimico è stato comprovato scientificamente solo di recente. Le marcature odorose, per esempio, sono contrassegni molto pratici cui ricorrono numerose specie animali, soprattutto mammiferi (cani, gatti, volpi, topi, orsi, ippopotami) per siglare i confini di 'proprietà': la preda, la femmina, la prole, il territorio. Queste tracce chimiche vengono liberate, come già accennato, tramite feci o urine, o prodotte da speciali ghiandole esocrine localizzate in una o diverse parti del corpo (l'ano, la radice della coda, le zampe o gli spazi interdigitali, il mento, il collo, le labbra, le guance ecc.): l'orso bruno, sfregando ripetutamente il dorso e il muso contro i tronchi degli alberi e gli spigoli di roccia, lascia una traccia untuosa e dall'odore pungente per delimitare i punti più rilevanti del suo territorio, mentre i topolini domestici con le loro feci delimitano visibilmente i depositi e le dispense di singoli territori familiari. Tali comportamenti di marcatura olfattiva svolgono ovviamente anche una funzione comunicativa. I feromoni rivestono poi una particolare importanza specialmente negli insetti sociali e collettivisti, come api, vespe e formiche, animali che oltre a vivere in società si adoperano tutti per un fine unico e comune: la loro presenza permette a migliaia di individui di una stessa colonia d'interagire e di coordinare comportamenti anche molto complessi. Le formiche, per esempio, fanno uso di un vero e proprio 'linguaggio profumato', altamente differenziato, 'razionale' e versatile, e per di più sono dotate di uno specifico odore, ereditato dalla propria madre alla schiusa delle uova, che ne consente l'identificazione. Un odore di famiglia, insomma. Diverse specie ricorrono a una sorta di reclutamento chimico per procacciare il cibo o per scopi difensivi; altri feromoni poi stimolano le formiche alla ricerca del cibo, alla cura delle uova, al nutrimento della regina, o fungono da segnali d'allarme. Perfino le formiche morte producono dopo qualche giorno un particolare feromone che informa dell'accaduto le compagne, 'cieche' ad altri stimoli (l'immobilità e l'inarcamento del corpo dell'individuo sono tratti caratteristici delle formiche anche durante il letargo invernale e pertanto non ne attestano la morte), spingendole a trasportare il cadavere fuori dal formicaio.

Quando un esemplare della *Selenopsis* americana, la specie più studiata, rintraccia una porzione di cibo troppo grande e quindi difficile da trasportare, ritorna al formicaio per cercare aiuto, contrassegnando il sentiero di ritorno con una marca odorosa tratteggiata con il pungiglione, dove ogni tratto ha la forma di una piccola freccia che indica la direzione del cibo. Se si trattasse di una linea continua sarebbe più difficile individuare tra le due direzioni quella giusta. Se non c'è vento, questo segnale indicatore, che può essere solo annusato, può attirare le formiche di passaggio a distanza di due centimetri, pur evaporando nell'arco di pochi minuti. Si spiegano così le lunghe file di formiche che seguono la direzione indicata fino alla meta anche quando la scia profumata è svanita. Ogni specie, peraltro, emana un profumo caratteristico verso il quale le altre specie sono anosmiche. La rapida dissolvenza della traccia, tutt'altro che un limite del segnale, risponde a un principio naturale di razionalizzazione economica: più lontana e limitata è la fonte di cibo, minore sarà il numero di operaie ad essere informato. Lo zoologo americano E.O. Wilson, autore di numerosi studi sulla comunicazione chimica di insetti sociali, ipotizza addirittura l'esistenza di una forma di sintassi nella comunicazione chimica di alcune specie di formiche: queste sarebbero capaci di combinare sostanze profumate diverse, potendo così disporre di un repertorio comunicativo più ricco, e d'inviare inoltre feromoni attraverso serie d'impulsi differenziati, alternandone l'intensità (Wilson 1963, 1968; Dröscher 1966: 139-144; Campan, Scapini 2002: § 9.2.2). In qualche caso la secrezione di un odore biologico può persino determinare il mutamento della struttura corporea dei cospecifici: l'ape regina, per esempio, secerne un particolare profumo in grado di inibire lo sviluppo delle ovaie in tutte le operaie, per rimanere l'unica fertile. Ci sono ancora feromoni 'pacificanti', come quelli prodotti dal pesce gatto, appartenente a una specie la cui marcata aggressività lo costringe a vivere in territori individuali, benché in alcune circostanze sia capace di socializzare e di vivere in piccoli gruppi grazie all'effetto di un feromone che inibisce le sue inclinazioni aggressive (Mainardi 2002: 86-87; per altri esempi di comportamento feromonale cfr. Dröscher 1966: 108-155). Nel mondo animale non mancano neppure casi di comunicazione chimica interspecifica: la simbiosi, il parassitismo, la selezione dell'ospite e la predazione sono tipi di relazioni che in alcune circostanze richiedono l'impiego di una gran quantità d'informazione chimica. A differenza della comunicazione feromonale, in genere solo la specie ricevente modifica il proprio comportamento traendo vantaggio dalla presenza della sostanza odorosa (per qualche esempio cfr. Wilson 1968: 106).

Il riconoscimento dell'importanza semiotica dei 'messaggeri invisibili' negli ultimi decenni ha accresciuto le conoscenze su questo fenomeno e spinto alcuni studiosi a ipotizzarne l'esistenza anche nella specie umana. Strettamente connessa alla precedente, e non meno controversa, è la questione della presenza dell'organo vomeronasale nell'uomo (cfr. *supra*, § 1.1). All'intero dibattito va in ogni caso il merito di aver ridestato l'interesse per l'olfatto nella comunicazione non verbale umana. Indispensabile per il funzionamento dell'organo vomeronasale specializzato nell'accesso alle informazioni feromonali (volatili e non), il gene TRP2 – secondo studi recenti – sarebbe il principale imputato della drastica riduzione della sensorialità chimica nei primati del Vecchio Mondo e nell'uomo: le numerose mutazioni subite avrebbero finito per renderlo inattivo (Rouquier *et al.* 2000; Gilad *et al.* 2004; Webb *et al.* 2004). Anche se primati e roditori condividono lo stesso numero di geni olfattivi, solo nei primati una buona parte di essi ha perso nel corso dell'evoluzione la propria funzionalità diventando pseudogeni: così i roditori possiedono circa mille geni attivi a fronte dei circa trecentocinquanta dell'uomo. Il deterioramento dell'olfatto e la perdita della segnalazione feromonale parrebbero coincidere con l'acquisizione della visione tricromatica (capacità di vedere a colori), sviluppatasi parallelamente nelle scimmie del Vecchio Mondo e nelle scimmie urlatrici (due linee evolutive indipendenti, accomunate tuttavia dalla capacità di vedere a colori): nel corso dell'evoluzione ci sarebbe stato uno scambio d'importanza tra i due sensi, cosicché la diminuzione dell'olfatto è il prezzo pagato in cambio di una visione migliore. Non è ancora chiaro se si tratti di una coincidenza o piuttosto di una relazione causale, ma probabilmente con lo sviluppo della visione tricromatica la sensibilità verso alcuni odori non si è più resa necessaria per la sopravvivenza. La visione di una gamma più ampia di colori ha offerto alle scimmie del Vecchio Mondo la possibilità di ricorrere alla vista piuttosto che all'olfatto per trovare un partner sessuale.

Ancora funzionale in centinaia di scimmie del Nuovo Mondo, il gene TRP2 non è più attivo in quelle del Vecchio. Dopo averne analizzato le sequenze in alcune scimmie, D. Webb e colleghi (2004) hanno ipotizzato che il TRP2 fosse ancora attivo nell'antenato comune dei primati del Vecchio e del Nuovo Mondo e che abbia smesso di funzionare già prima della separazione tra le scimmie del Vecchio Mondo e gli ominidi. La correlazione tra la perdita dell'olfatto nei primati (le proscimmie – per esempio il microcebo – erano creature notturne di piccola stazza e con un olfatto sviluppatissimo), e nelle scimmie antropomorfe in particolare (specie diurne e di più grosse dimensioni, obbligate a guardare più lontano), e l'acquisizione della visione tricromatica è compatibile del resto con alcuni cambiamenti della fisiologia sessuale: in molte femmine di queste scimmie il periodo fertile viene segnalato attraverso rigonfiamenti sessuali dalla colorazione rosso brillante, un'altra prova della rilevanza assunta dalla vista rispetto all'olfatto ai fini della riproduzione. Le scimmie del Nuovo Mondo si affidano invece all'investigazione naso-genitale, un comportamento abituale del corteggiamento tra i primati indicativo dell'importanza dei segnali olfattivi per l'accoppiamento (Stoddart 1990: 98-99).

Tornando alla nostra specie, se pure indubbiamente alcuni odori sono capaci di scatenare forti emozioni o di evocare ricordi lontani, tuttavia non è ancora chiara la loro reale importanza per gli esseri umani. Nonostante l'assenza di ghiandole odoranti specializzate (comune all'uomo e ai primati), il corpo umano emette odori diversi. Distinguendosi dalle scimmie per la quasi assenza di peli, a fronte della presenza di un gran numero di ghiandole sebacee e apocrine che li nutrono, l'uomo sarebbe «la scimmia di gran lunga più profumata di tutte» (Stoddart 1990: 58). Anzi, ognuno di noi possiede un corredo olfattivo unico predeterminato geneticamente. L'identificazione olfattiva della propria famiglia è fondamentale nei comportamenti sociali e riproduttivi, al punto che per tutti i mammiferi l'odore dei familiari stretti inibisce la funzione riproduttiva. Impedendo l'accoppiamento tra consanguinei, il feromone 'di famiglia' eserciterebbe un controllo molto potente sui nostri comportamenti: così l'incesto, ancor prima di essere un tabù sociale, sarebbe un tabù biologico originato dal patrimonio genetico olfattivo[1]. Il coinvolgimento del naso nella scelta del partner sessuale al di fuori della propria famiglia è stato dimostrato da esperimenti effettuati sui topi e volti poi ad avvalorare l'ipotesi di un nesso tra si-

---

[1] AbdesSalaam Attar, *Inchiesta sui feromoni. I feromoni umani*, in www.profumo.it.

stema olfattivo e sistema immunologico. Fidando sui segnali odorosi contenuti nelle urine, i topi maschi evitano di accoppiarsi con femmine immunologicamente simili per andare alla ricerca di partner geneticamente differenti. Non è escluso che, come i topi, altri mammiferi siano guidati dal naso nella scelta di partner geneticamente diversi (Holley 1999: 44-49). Le vere artefici degli odori corporei sono le ghiandole sudorifere (apocrine ed eccrine) e quelle sebacee variamente distribuite: nelle ascelle, nei genitali, nei piedi, nelle mani e nel resto del corpo. E tra queste le principali responsabili sono le ghiandole apocrine, specialmente quelle alloggiate nelle ascelle. La loro attivazione è legata al rilascio di adrenalina, un ormone secreto dalle ghiandole surrenali: non è sorprendente pertanto che l'odore ascellare ci fornisca informazioni sullo stato emotivo di una persona e che in genere gli afrori s'intensifichino con il crescere della tensione emotiva.

La secrezione ascellare, appena prodotta, è di per sé inodore, il suo odore diventa penetrante nelle ore successive per effetto della trasformazione di alcune sostanze ad opera dei batteri che si sviluppano soprattutto sui peli. Le ghiandole apocrine situate sotto le ascelle potrebbero avere nell'uomo una funzione sessuale, visto che tra l'altro l'attività secretoria di questi organi ha inizio una volta raggiunta l'età della maturità sessuale, cioè la pubertà. Ed è noto d'altro canto che la produzione di androstene (una sostanza che a basse concentrazioni odora di muschio, mentre in concentrazioni maggiori produce un odore sgradevole), il componente principale del sudore ascellare, aumenta con l'eccitazione sessuale (Stoddart 1990: 55-89). Assunta la stazione eretta, il naso dell'uomo si è allontanato dal terreno, dove in genere sono maggiormente presenti le fonti olfattive. Così i 'profumi dell'amore', cioè i segnali di richiamo sessuale che nei nostri progenitori erano prodotti nella zona ano-genitale, visibilmente arrossata e sporgente nella fase dell'estro, nel corso dell'evoluzione si sarebbero spostati nella parte superiore, nelle regioni del viso, del torace, delle ascelle. Gli uomini, non a caso, sono l'unica specie a fare l'amore faccia a faccia, una modalità – scrive G. De Martino (1997: 115) – che consente forse di innamorarsi, ma anche una postura in cui il naso non incontra più la zona anale, bensì quella frontale divenuta nel corso dell'evoluzione più stimolante (Stoddart 1990: 72, 77).

Tra le diverse secrezioni prodotte dagli organi genitali (urina, sperma, secrezioni vaginali), dove l'abbondanza di peli accresce la produzione e la diffusione degli odori, la secrezione vaginale si presenta come un miscuglio complesso di sostanze diverse (definite nel loro insieme 'copulina') che, oltre a fornire informazioni sullo stato fisiologico, potrebbe fungere da indice feromonale intervenendo nelle interazioni tra i due sessi. Alcuni esperimenti dimostrerebbero che la specie umana produce sostanze assimilabili ai feromoni, determinanti per la scelta del partner e per le scelte sociali più in generale. Le ricerche sui feromoni umani, e nei mammiferi in genere, si sono concentrate prevalentemente su due tipi di sostanze: la copulina (feromone femminile di natura volatile) e l'androstene (feromone maschile che si ritrova anche nelle donne). Nei mammiferi, i feromoni contenuti nell'urina e nel flusso vaginale oltre a segnalare la recettività sessuale svolgono altre funzioni. Per esempio, le femmine di topo se crescono in un gruppo di sole femmine presentano un rallentamento dello sviluppo sessuale, e, sempre nei topi, se dopo l'accoppiamento il maschio viene separato dalla femmina o sostituito con un altro maschio in genere la femmina anche se gravida non partorisce. Questi esperimenti dimostrano l'influenza dell'odore del topo maschio sull'equilibrio ormonale della femmina. Per contro, anche la copulina stimolerebbe l'attività sessuale dei maschi della stessa specie, svolgendo una funzione importante nei comportamenti di corteggiamento e di accoppiamento. La funzione feromonale dell'androstene è chiaramente attestata in numerosi mammiferi: nei maiali, per esempio, ma anche nelle pecore e nelle mucche, questa sostanza viene usata per determinare se la femmina è in calore. Un allevatore ha difficoltà a individuare il momento della fertilità di una vacca o di una scrofa, ma un toro o un verro saprebbero riconoscerlo subito basandosi sull'odore e sul comportamento della femmina. Spruzzando sul muso di una scrofa androstenone e androstenolo in forma vaporizzata, se l'animale è in calore alla percezione dell'odore s'immobilizza, inarca la schiena e aguzza le orecchie, predisponendosi all'accoppiamento. La sensibilità delle scrofe all'odore dell'androstene, un odore assimilato a quello del verro, viene sfruttata anche per addestrarle nella ricerca dei tartufi, funghi prelibati contenenti un'alta concentrazione di questa sostanza. Ingannate dal loro odore, capace di svolgere la funzione di richiamo sessuale, le scrofe sono capaci di fiutare i tartufi fino a un metro di profondità. Si è cercato poi di provare se i feromoni maschili sono in grado di influenzare il comportamento umano. L'androstene, una sostanza trovata nel sudore maschile (soprattutto nelle ascelle e nelle urine) in una concentrazione più alta rispetto alle donne, vaporizzato a concentrazioni relativamente basse sulle sedie della sala d'attesa di una clinica odontoiatrica attirava maggiormente le donne, laddove gli uomini invece evitavano di sedersi proprio lì. Un esperimento simile è stato condotto in un teatro, dove ancora una volta le poltrone cosparse di androstenone venivano scelte in modo inconsapevole principalmente da donne. Un fatto interessante, per quanto secondario, è che i programmi abbandonati dopo lo spettacolo erano quelli distribuiti sulle poltrone non vaporizzate, evidentemente meno attraenti.

Anche il fenomeno dell'iposmia legata al ciclo ovarico fornirebbe una prova della presenza di feromoni umani, suggerendo l'esistenza di un nesso logico, ancora in gran parte da verificare, tra ciclo olfattivo e procreazione. Si tratta, in altre parole, della diminuzione della sensibilità olfattiva nel periodo mestruale e del suo aumento durante l'ovulazione (legato a una maggiore produzione di estrogeni). Ma l'esistenza di odori sociali e dei loro effetti sul comportamento umano ha trovato conferma specialmente negli esperimenti condotti da M.K. McClintock nel 1971. Dalle sue osservazioni è emerso che le donne che trascorrono molto tempo insieme o vivono in comunità (per esempio compagne di stanza al college o amiche intime) tendono progressivamente ad avere i loro cicli mestruali sincronizzati, probabilmente per effetto di sostanze feromonali ('effetto McClintock'). La durata dell'effetto si riduce in concomitanza con le frequentazioni di uomini. Al di là della semplice sincronizzazione del ciclo mestruale, ricerche più recenti condotte fra gli altri da K. Stern e dalla stessa McClintock (1998) dimostrerebbero in modo più convincente l'influenza della comunicazione chimico-sensoriale sulle funzioni endocrine e neurali, in particolare sulla sincronia e sulla stabilità del ciclo ovarico. La possibilità d'influenzare la temporizzazione dei cicli mestruali di altre donne è stata dimostrata applicando quotidianamente, per due mesi, dei tamponi di cotone impregnati di sudore proveniente dalle ascelle di alcune donatrici (prelevato in un preciso momento del ciclo ovarico, prima o dopo l'ovulazione) a donne ignare dell'obiettivo dell'esperimento (la sostanza attiva veniva strofinata sul labbro superiore e tenuta per sei ore). Benché le donne riceventi avessero la sensazione di percepire soltanto l'odore dell'alcol nel quale erano disciolte le molecole del sudore prelevato, il loro ciclo mestruale si accorciava o si allungava in funzione del ciclo ovarico delle donatrici. Studi simili hanno confermato l'influenza delle secrezioni ascellari sulla sincronizzazione dei cicli mestruali.

Nell'insieme questi esperimenti lasciano ipotizzare che nelle donne vi sia una produzione di sostanze feromonali in grado di modificare sensibilmente i ritmi biologici. Portano inoltre a escludere l'intervento dell'organo olfattivo principale nella percezione di sostanze feromonali, lasciando spazio invece all'ipotesi di un coinvolgimento dell'organo vomeronasale, attivo nella percezione di molecole non volatili. Tale tesi tuttavia appare controversa, e i meccanismi di individuazione dei segnali feromonali nell'uomo restano problematici: ad oggi nessuno studio anatomico ha permesso di attestare l'esistenza di un centro di proiezione primaria delle vie vomeronasali. Allo stato attuale delle ricerche, la funzione comunicativa delle secrezioni odorose nella specie umana e il loro ruolo nei rapporti interpersonali restano pertanto ancora dubbi e in attesa di ulteriori conferme (cfr. Engen 1982: 139-143; Vroon *et al.* 1994: 154-164; Gower *et al.* 1997; Holley 1999: 191-199; Brand 2001: 86-91).

2.4. *Odore e identità*

Gli studi sulla comunicazione non verbale in ambito umano fino a poco tempo fa si sono concentrati prevalentemente, se non esclusivamente, sui comportamenti interpretabili mediante la vista o l'udito: espressioni facciali, mimica, posture, gesti, intonazione emotiva, riso, pianto ecc. Nell'affascinante varietà di modalità semiotiche non verbali, la funzione svolta dagli odori individuali nei rapporti interpersonali (riconoscimento, attrazione sessuale, repulsione, simpatia, discriminazione razziale ecc.) è stata ignorata. La ragione prevalente va ricercata, oltre che nella classica svalutazione dell'odorato, nelle difficoltà di misurazione, di classificazione e di presentazione adeguata degli odori riscontrate negli esperimenti di riconoscimento (cfr. Attili *et al.* 1981, una ricerca transculturale sul riconoscimento olfattivo e in particolare sulla valutazione dell'odore del partner in individui di culture diverse). Solo da qualche decennio il tema è diventato oggetto di ricerche che pongono l'accento sull'influenza più o meno consapevole dell'odore personale nelle relazioni interpersonali e sul suo significato semiotico: nei legami di coppia, nella simpatia o antipatia verso una persona, nella relazione madre-bambino e nel riconoscimento individuale in genere. È noto che noi tutti abbiamo un odore personale, non a caso i cani poliziotto vengono usati per scovare un criminale seguendone proprio la traccia olfattiva. In Francia, in Belgio, in Olanda e in altri Paesi europei da alcuni anni la polizia, avvalendosi di cani opportunamente addestrati, ricorre al metodo del riconoscimento dell'odore personale quale prova in certi casi decisiva per l'identificazione di criminali (le impronte olfattive si conservano negli indumenti per almeno cinque anni). Ogni persona emana un proprio odore, un'aura inconfondibile che le appartiene come le impronte digitali o il sistema immunologico. Indipendentemente dalle abitudini igieniche, dalla frequenza con cui ciascun individuo si lava o si profuma, l'odore emanato dal suo corpo è un contrassegno inequivocabile della sua identità, una particolare 'firma chimica' assolutamente unica lasciata nello spazio: nonostante le varie zone del corpo emanino odori diversi, siamo identificabili da un odore personale che ci riveste proprio come una seconda pelle.

Pur variando nel corso della giornata e dell'intera esistenza, il nostro 'passaporto olfattivo' rispecchia sempre una formula di base, uno stesso tema, determinato evidentemente da fattori genetici. Così, afferma il sociologo G. Simmel, «il fatto che noi annusiamo l'atmosfera di qualcuno ne costituisce la percezione più intima, egli penetra per così dire in forma aerea nel nostro intimo sensibile» (1908: 558). L'odore corporeo è così inconfondibile e individuale che i cani hanno qualche difficoltà a distinguere gli odori di due gemelli monozigoti – ovviamente più simili di quelli di tutti gli altri individui – ma non quelli di due fratelli. La somiglianza olfattiva tra due gemelli può portare un cane addestrato a riconoscere l'odore di un gemello a seguire anche la traccia olfattiva dell'altro. È stato osservato, infatti, come persone imparentate emanino odori tra loro più simili di quelli di persone estranee. L'ipotesi più plausibile è che vi sia un legame genetico tra individualità olfattiva e individualità immunologica: è possibile che i geni responsabili dell'identità immunologica determinino anche la soggettività olfattiva di un organismo animale (Beauchamp *et al.* 1985, citato in Holley 1999: 45; Stoddart 1990: 82-89; Vroon *et al.* 1994: 184 sgg.; Engen 1982: 31).

In genere siamo così immersi nel nostro odore corporeo da ignorarlo, da non averne piena coscienza (soprattutto a causa dell'assuefazione) se non quando esso viene meno o si modifica per ragioni diverse (alimentari, emotive, patologiche ecc.). Ciononostante siamo capaci di distinguerlo da altri odori, in particolare da quelli di persone (familiari e non) con le quali abbiamo relazioni frequenti, a condizione che ci venga concesso tempo sufficiente per fiutare bene. In un esperimento riportato da Vroon *et al.* (1994: 186-187), a un centinaio di persone è stato chiesto di indossare una maglietta per ventiquattro ore, evitando l'uso di saponi e di deodoranti e conservando il più possibile le consuetudini alimentari e di vita. Alla consegna, le magliette sono state riposte in singoli sacchetti di plastica e dopo alcuni giorni è stato chiesto ai soggetti sperimentali di riconoscere la propria: tre quarti di loro ha indovinato e nella rimanente percentuale si è appurato che erano presenti numerosi fumatori, una percentuale maggiore di uomini e numerose donne con il ciclo, tutti fattori che riducono l'acutezza e la sensibilità olfattiva. I tentativi di neutralizzare l'odore personale – temuto e disprezzato – attraverso l'abito culturale di lavarsi frequentemente, di sfregarsi e deodorarsi innaturalmente, non annulla lo specifico odore emanato dal corpo, un odore esaltato dal calore della pelle e percepibile da un naso molto sensibile. Variabile comunque in relazione all'età (più peculiare durante la pubertà, l'odore corporeo si mantiene relativamente stabile nel corso dell'età adulta per modificarsi nuovamente col ridursi dell'attività sessuale), al sesso (gli uomini in genere hanno un odore più forte delle donne), allo stato di salute generale (mentale e fisica), al nostro stato emotivo (per esempio, se siamo felici o spaventati) e ai nostri umori, esso è influenzato inoltre da numerosi processi fisiologici e psichici, da bisogni fisici, da desideri, dall'alimentazione, dalla razza e da abitudini ed esperienze di vario tipo come il fumo, l'assunzione di droghe, di alcolici o di medicinali, e ancora da componenti indipendenti dalla nostra volontà connesse ai costumi e al contesto socio-culturale d'appartenenza. Un insieme di fattori mutevoli costitutivi della cosiddetta 'chemiosfera'. Così, l'odore dei vegetariani è diverso da quello di coloro che assumono prevalentemente carne o pesce, i fumatori hanno un odore dissimile dai non fumatori e i bambini un profumo diverso dagli adulti, gli africani emanano un odore più intenso degli europei e i giapponesi hanno un odore poco marcato. L'influenza esercitata dall'odore corporeo sulle persone varia poi in relazione ai valori e alle norme condivise dal gruppo d'appartenenza. Se nelle società tribali e in molte culture orientali è diffuso il costume di profumare il proprio corpo con fiori ed essenze vegetali, nelle società occidentali invece l'industria dei profumi mette a disposizione una vasta gamma di prodotti con cui spesso si copre (o si esalta, a seconda dell'uso che se ne fa) l'odore personale. In ogni Paese, poi, sono sempre le convenzioni sociali a determinare la quantità di profumo da usare e la soglia d'intensità tollerabile dell'odore personale.

In Giappone, per esempio, un individuo che emana anche un leggero odore ascellare viene considerato malato (affetto cioè da bromidrosi, un odore di sudore anomalo ed eccessivo) e per questo viene discriminato socialmente. Come gli inglesi e i tedeschi, i giapponesi apparterrebbero alle 'culture di non contatto' (Hall 1966), meno portate alla produzione di comportamenti di segnalazione sociale basati sulla vicinanza (per esempio, il contatto oculare o la tendenza a toccarsi reciprocamente); italiani, spagnoli, popolazioni mediterranee sia europee sia arabe e popoli dell'America Latina fanno parte invece delle 'culture di contatto', dove nelle interazioni faccia a faccia si tende a ridurre la distanza dall'altro, guardandosi reciprocamente o avvicinandosi maggiormente all'interlocutore. La valutazione che si dà dell'odore personale può determinare pertanto, a seconda delle culture, una maggiore o minore distanza tra gli individui, una maggiore o minore accettazione dell'altro. Ma nella misura in cui siamo in grado di riconoscerci e di riconoscere una persona 'a naso', sembra lecito chiedersi quale funzione si possa attribuire all'odore come segnale di riconoscimento e di eventuale piacere condiviso. Tutto lascia pensare che l'aroma corporeo sia una variabile importante che influenza il comportamento umano (è dimostrato, per esempio, che nei neonati riduce la paura e attenua il pianto, rassicurandoli – cfr. *infra*, § 2.5), consolidando altresì i legami intersoggettivi. Espedienti vari consentono poi di assecondare la tendenza di ciascuno a modificare il proprio marchio olfattivo, con l'intento di esprimere la propria individualità entro un particolare contesto bio-culturale. Nel mondo occidentale, per esempio, è diffusa, soprattutto nelle donne, l'abitudine di depilarsi le ascelle per ridurre l'odore spesso sgradevole che emanano. In altri contesti culturali, vedi i Boscimani del Kalahari o i popoli della Papua Nuova Guinea, alle secrezioni ascellari – considerate portatrici dell'essenza' di un individuo – vengono invece riconosciuti effetti magici o benefici per la salute di un malato.

In numerose specie di mammiferi i feromoni agiscono come 'firme chimiche', permettendo alle madri di riconoscere in mezzo a tanti altri i loro piccoli, portatori di odori fortemente individualizzati. Del pari, numerose specie di insetti sociali e anche collettivisti (formiche, api, vespe ecc.), che vivono prevalentemente in colonie chiuse dove non è consentito l'accesso a cospecifici di un'altra colonia, si riconoscono grazie alle firme olfattive rivelatrici della loro appartenenza a una specifica famiglia sullo stesso territorio: per esempio, le formiche appena nate hanno un profumo specifico ereditato dalla madre, che ne permette il riconoscimento anche se alla schiusa vengono isolate dalla stessa per numerosi giorni. Così pure per le api di una stessa colonia il riconoscimento sociale legato all'odore avviene attraverso il contatto precoce con i cospecifici oppure con la cera dei favi. Assorbendo gli odori ambientali delle particolari essenze raccolte dalle api, la cera reca infatti gli stessi segnali di riconoscimento delle operaie (Campan, Scapini 2002: § 9.2.2). 'Documento di riconoscimento' in molti mammiferi, l'odore diventa un veicolo di scambio di informazioni sull'identità individuale e di gruppo. La pecora, per fare un altro esempio, memorizza precocemente l'aroma del suo agnellino e questo condizionerà il suo rapporto con il piccolo fino a quando non diventerà adulto. L'attitudine a riconoscere e a discriminare le individualità olfattive, come si è già visto (*supra*, § 1.6), è particolarmente spiccata nei ciechi congeniti e maggiormente nei cieco-sordi. Affinato con l'esperienza, il naso di Helen Keller, per esempio, era a dir poco indiscreto, incline a riconoscere dall'impronta olfattiva persone familiari e non, a catalogare psicologicamente quelle incontrate per caso e altro ancora:

Le esalazioni mi fanno conoscere molte cose intorno alle persone, e sovente anche il lavoro a cui sono intente: l'odore del legno, del ferro, della vernice, delle droghe impregnano gli abiti delle persone che ne usano. [...] Gli odori umani sono altrettanto svariati e riconoscibili quanto le mani e le facce. I cari odori di coloro che amo, sono così definiti, così caratteristici, che nulla può cancellarli interamente. [...] Alcune persone hanno un odore vago, non sostanziale, che aleggia loro intorno, eludendo ogni sforzo di identificazione [...]. Nell'odore dei giovani vi è qualcosa degli elementi, come di fuoco, di tempesta, di mare. Esso vibra di ardimento e di desiderio (Keller 1908: 51-53).

Al di là della sua funzione individuale, l'odore contribuisce alla definizione e al mantenimento dei legami di gruppo, assicurandone la coesione e dando in più una sensazione di familiarità e di sicurezza. L'odore del gruppo (non meno di quello individuale) assume una valenza simbolica, e per ciò stesso culturale, e l'olfatto anche in virtù della sua forza emotiva diventa un senso della discriminazione molto incisivo: «la carica di affettività che [gli odori] comportano – sottolinea Le Guérer (1998: 47) – ne fa le sentinelle più rigorose dei bastioni sociali e razziali». E Simmel individua nella tematica dell'odore una ragione sufficiente per spiegare il solco che separa le classi sociali e uno dei nuclei principali del dibattito sull'intolleranza sociale e sulla discriminazione razziale (Simmel 1908: 556-559). Esisterebbe, in altre parole, un confine di demarcazione olfattiva tra sé e gli altri, tra il proprio gruppo di appartenenza e quelli estranei: esso segna il discrimine tra il riconoscimento, e perciò stesso l'accettazione, e il rifiuto. In primo luogo, la maggior parte degli individui trova gradevole il proprio odore corporeo rispetto a quello degli altri giudicato cattivo. In tutte le società e i gruppi sociali è diffuso poi un pregiudizio universale che induce a classificare olfattivamente gli 'altri', cioè gli estranei, gli altri popoli, gli stranieri, le minoranze, i sottogruppi o i membri di un'altra classe sociale (i neri, gli ebrei, i poveri, le prostitute, gli omosessuali, gli sconosciuti ecc.), sulla base della semplice dicotomia buono/cattivo odore, noto/ignoto. Tale dicotomia non rispecchia tanto la percezione effettiva che si ha degli odori, quanto piuttosto il pensiero che gli individui si fanno su ciò che percepiscono, filtrato da abitudini culturali. Sicché, nonostante alcune differenze olfattive siano reali, legate cioè a peculiarità anatomiche o fisiologiche, ad abitudini alimentari e di vita, l'"altro' è 'colui che puzza', e al rifiuto per l'odore dell'"altro' – giudicato riprovevole – si contrappongono il gradimento e l'accettazione degli odori del proprio gruppo d'appartenenza.

I neri, per esempio, emanano un odore corporeo più forte degli europei e degli asiatici, dovuto in gran parte alla presenza di un maggior numero di ghiandole sudoripare (apocrine), specie nella zona ascellare. Gli orientali, per

esempio i mongoli ma specialmente i giapponesi e i corea-
ni, avendo organi ascellari poco sviluppati, sono quasi privi di odore ascellare. Per loro le popolazioni europee e
quelle di colore possiedono afrori intensi e sgradevoli, a
prescindere dalle abitudini igieniche. È comprensibile,
pertanto, che chi produce odori più deboli percepisca e
valuti come forte e intenso l'odore di quelle razze caratterizzate da una maggiore secrezione ascellare. L'evidenza
scientifica di questi dati non giustifica tuttavia di per sé
una gerarchia olfattiva delle razze (Stoddart 1990: 68-69;
Gusman 2004: 52). La differente costituzione chimica delle etnie ha determinato forme di discriminazione olfattiva
non soltanto nei confronti dei neri e dei cinesi, ma anche
verso i tedeschi. Studi dotati di una certa solidità scientifica hanno attribuito loro la bromidrosi fetida, una patologia che rende l'odore emanato da chi ne è affetto particolarmente sgradevole e la cui causa è stata attribuita alla bu-
limia cronica (abusi alimentari) dei tedeschi, che costringe la loro pelle a funzionare come un terzo rene. Il cattivo
odore, scrive Le Breton a tal proposito, «è sempre quello
dell'altro, ma noi siamo sempre l'altro di qualcuno» (2006:
306). L'odore, come il colore della pelle e la mancanza
d'abbigliamento (la nudità), interviene nella discriminazione razziale o anche solo in un atteggiamento etnocen-
trico, come marcatore e dell'alterità (in senso negativo) e
dell'identità del gruppo (Schleidt 1997: 23-25; Le Breton
2006: 304-320; Gusman 2004: 47-69; Le Guérer 1998: 40-
48). Cosicché l'olfatto si configura, forse più degli altri sistemi sensoriali, come un senso 'sociale', il senso della simpatia o dell'antipatia, dell'attrazione o della repulsione,
del contatto o della distanza, e ancora della seduzione e
della discriminazione razziale. Veicolo dell'identità altrui,
a partire da quando veniamo al mondo l'odore corporeo
diventa una delle componenti principali dei rapporti interpersonali (sociali e affettivi). Ma, ahinoi, non ne siamo
consapevoli!

2.5. *Aromi prenatali e neonatali*

Se la precocità ontogenetica è un tratto peculiare dell'olfatto, quale ruolo svolgono gli odori nel rapporto inaugurale che lega madre e figlio? Si può ipotizzare l'esistenza di un linguaggio preverbale affidato al naso? Alcune evidenze empiriche mostrano le modalità d'impiego dell'informazione olfattiva nella regolazione del comportamento umano a partire dall'esistenza neonatale e addirittura prenatale, indicando negli albori della nostra ontogenesi una finestra privilegiata da cui indagare l'esordio della semiosi e i primi processi di formazione del senso. Da più di trent'anni ormai le ricerche sulla sensorialità fetale, grazie ai contributi provenienti da diversi ambiti scientifici (dall'embriologia alla psicologia prenatale), hanno permesso di ridisegnare lo spazio della vita prima della nascita come mai era accaduto prima, dimostrando che l'esercizio dei sensi – e quindi la nostra vita cognitiva – ha origine già nella vita intrauterina e che il feto è un essere multiricettivo in relazione diretta con l'ambiente oltre che con la madre: è capace di sentire suoni, di avvertire odori e sapori, di percepire lo spazio e i movimenti, di vedere, di provare emozioni e di reagire a tutte queste sensazioni.

Studi più recenti, poi, dimostrano che il feto modifica il suo comportamento in relazione al variare degli stimoli sensoriali, esibendo capacità di discriminazione, di memoria, di abituazione agli stimoli e di riconoscimento di sensazioni già note. L'attitudine precoce a ricevere e a elaborare stimoli intra ed extrauterini e, in particolare, la capacità di reagire a tali stimoli, indispensabile per lo sviluppo e per la maturazione neurofunzionale, fanno del nascituro un essere già dotato delle competenze necessarie per comunicare e per allacciare relazioni, almeno a un livello di semiosi implicita. Presente già nella prima fase embrionale e indice di benessere fisiologico, l'attività motoria diventa volontaria all'incirca dalla 20ª settimana, cioè a metà della gravidanza (coordinando, per esempio, il movimento di mani e braccia il bambino reagisce alla voce materna o a una musica piacevole, a un rumore o a un gusto non gradito), e il tempo di reazione allo stimolo, non più immediato, fa pensare a un processo di elaborazione 'volontaria' che precede la messa in atto di una reazione (cfr. tra gli altri Righetti 2003: 48-55). Gli studi embriologici (istologici, neurobiologici, biochimici ecc.), le ricerche sperimentali sulle capacità sensoriali del feto e il ricorso a sofisticati dispositivi di osservazione e di studio prenatale svelano i segreti più remoti dell'embrione e consentono di seguirne lo sviluppo delle varie parti giorno per giorno e settimana per settimana, di conoscerne le competenze psicofisiologiche e motorie, di capire in quale momento si strutturano anatomicamente i diversi sistemi sensoriali e in che modo entrano progressivamente in funzione.

Come negli altri mammiferi, anche nell'uomo i sistemi sensoriali si sviluppano seguendo sempre un ordine particolare, e la maturazione di ciascuno di essi è strettamente connessa a quella di altri sistemi (intersensorialità), distinti l'uno dall'altro solo per comodità di analisi. La morfogenesi ha inizio nel primo trimestre di gravidanza ma con modalità difformi per ciascun senso: per prime compaiono la sensibilità tattile (intorno alla 7ª settimana gestazionale) e quella chimica, cioè olfatto e gusto (i recettori olfattivi e i bulbi olfattivi appaiono differenziati tra l'8ª e l'11ª settimana e dalla 12ª settimana si possono individuare papille gustative con una struttura definitiva), e altrettanto precocemente si sviluppa il senso che controlla l'equilibrio, vale a dire il sistema vestibolare (a partire dall'8ª settimana), poi la sensorialità acustica (la coclea completa la sua morfogenesi a dieci settimane e raggiunge la sua misura definitiva al quinto mese di gravidanza) e infine quella visiva (le palpebre si aprono entro ventiquattro settimane e le pupille rispondono alla luce dopo la 27ª settimana, mentre tutti i recettori si completano prima della nascita) (Herbinet, Busnel, a cura di, 1981-2000; Relier 1993: 65 sgg.). Molto tempo prima, quindi, che la corteccia cerebrale (l'ultima a formarsi) sia completata, l'olfatto, il gusto, ma anche il tatto e l'udito sono attivi e coordinati e l'integrazione delle loro funzioni, strettamente dipendente dallo sviluppo del sistema nervoso, permette nel feto la creazione delle prime rappresentazioni della realtà e la costruzione di significati preverbali. Cosicché sin dall'epoca prenatale gli stimoli sensoriali e le loro sinestesie concorrerebbero alla creazione e al mantenimento di una relazione privilegiata tra madre e bambino (Chamberlain 1998; Relier 1993; Bellieni 2004).

Può sembrare sorprendente, ma in questa relazione diadica è proprio l'olfatto a giocare un ruolo cruciale. In genere si pensa che i sensi chimici entrino in funzione con le prime poppate, ma per quanto possa sembrarci strano il feto fa le sue prime esperienze olfattive e gustative già nel grembo materno – mostrando la capacità di discriminare odori e sapori del liquido amniotico – grazie all'installazione precoce dell'olfatto nel cervello prenatale. Dal punto di vista ontogenetico l'odorato è infatti il più primordiale e precoce dei sensi, sia sotto il profilo strutturale-anatomico, sia presumibilmente sotto quello funzionale (Schaal 1997). L'epitelio olfattivo con i suoi molteplici recettori chimici e le strutture cerebrali corrispondenti (nervi olfattivi e bulbi olfattivi) sono tra i primi organi a formarsi nel feto tra l'8ª e l'11ª settimana di gestazione. Nello stesso periodo si differenziano e diventano funzionali anche le terminazioni sensitive del nervo trigemino – struttura responsabile di alcune sensazioni olfattive di natura tattile e termica come il 'fresco' della menta –, e tra la 5ª e la 13ª settimana si sviluppa dietro l'orifizio delle narici l'organo vomeronasale, come già detto un rivelatore chemiorecettivo molto importante negli animali (specializzato nell'individuazione degli odori e dei sapori in ambiente liquido) e che nell'uomo è destinato a regredire alla fine della gestazione. Benché non sia ancora chiara la sua funzione nella specie umana, la sua attività nella vita fetale è comprovata in altre specie (Schaal, Hertling 1981-2000: 359-360; Doty 1991b).

Ma come si può essere sicuri che il feto percepisca realmente odori e gusti? L'osservazione ecografica e cardiotocografica[2] (che consentono di rilevare le reazioni motorie e cardiache del feto agli stimoli: il battito cardiaco, per esempio, aumenta o diminuisce in relazione allo stato motorio ed emotivo del feto), lo studio dei neonati prematuri e gli esperimenti comparativi effettuati su altri mammiferi placentari forniscono adeguati sostegni empirici al riguardo. Studi effettuati su bambini prematuri dimostrano che a partire dal settimo mese di vita intrauterina i chemiorecettori sarebbero in grado di discriminare le sostanze profumate e i sapori del liquido amniotico veicolati dalla circolazione sanguigna della madre. E questo anche grazie ai movimenti della testa, all'intensa attività di deglutizione e alla motricità respiratoria del feto, che contribuiscono al rinnovamento del liquido amniotico a contatto con la bocca e con il naso, e specialmente alla maggiore permeabilità della placenta riscontrata nelle ultime settimane di gestazione. La composizione chimica del fluido amniotico varia nel corso della giornata e dell'intera gravidanza in relazione alle emissioni di urina del feto e alla composizione del plasma materno, e gli odori che vi circolano, fortemente influenzati dall'alimentazione della madre, non essendo metabolizzati conservano le loro caratteristiche originarie: tutto ciò crea un ambiente ideale per vivere precocemente esperienze aromatiche ricche e stimolanti. Non si può escludere poi che la percezione dei profumi prenatali avvenga in prima istanza tramite l'orga-

[2] L'ecografia è una tecnica a scansione ultrasonica che permette di esaminare direttamente la cavità endouterina e di osservare i movimenti del feto e le sue reazioni fisiologiche e neurologiche, anche in modo tridimensionale. La cardiotocografia consente di misurare contemporaneamente i movimenti e la frequenza cardiaca del feto e le contrazioni dell'utero della madre. La psicologia prenatale si avvale di altri strumenti, tra i quali l'elettroencefalografo, la registrazione dei potenziali evocati uditivi e la risonanza magnetica nucleare (su queste e altre tecniche cfr. Righetti 2003: 69-80).

no vomeronasale. Test somministrati a neonati prematuri di sette mesi evidenziano poi una tendenza crescente a percepire l'odore della menta, laddove questa reattività è poco presente nei bambini nati prima (Sarnat 1978, citato in Pihet *et al.* 1997: 35). Uno studio che permette una prima valutazione della capacità di discriminazione degli odori nei neonati prematuri effettuato da S. Pihet *et al.* (1997) rileva l'attitudine a individuare e a discriminare odori diversi presentati per via nasale in soggetti nati fra la 31ª e la 37ª settimana gestazionale. Essi manifestano un aumento della motricità facciale in risposta soprattutto alla presentazione dell'odore di eucaliptolo (uno stimolo fortemente trigeminale), che si riduce in presenza dell'odore di acido nonanoico (odore descritto dagli adulti come 'oleoso', scelto per le sue proprietà puramente olfattive, non trigeminali), per sparire quando viene presentato uno stimolo di controllo costituito da una sostanza inodore. I risultati di queste osservazioni comportamentali, comparabili con quelli ottenuti dall'analisi delle risposte di neonati nati a termine, confermerebbero le evidenze anatomo-fisiologiche sulla maturità dell'apparato olfattivo nelle settimane precedenti il termine della gravidanza (cfr. anche Mennella, Beauchamp 1997).

Conferme dell'esistenza nell'uomo di capacità olfattive prenatali e della loro rilevanza semiotica emergono anche da esperimenti effettuati su un altro mammifero placentare: ratti con appena otto ore di vita messi di fronte alla possibilità di scegliere tra il liquido amniotico nel quale erano immersi e quello di un'altra madre manifestano un orientamento preferenziale verso quello materno. Iniettando poi dell'estratto di mela nella tasca amniotica di un ratto, i piccoli dopo lo svezzamento mostrano una preferenza per l'ingestione di un liquido avente lo stesso odore di quello già percepito in utero (Schaal, Hertling 1981-2000: 361): un segno, dunque, dell'abilità del feto a cogliere e a memorizzare le qualità olfattive dell'ambiente uterino. E se ciò è possibile per un mammifero placentare come il ratto, non si può escludere per i piccoli dell'uomo. Così, benché al momento della nascita il naso del neonato sia completamente vergine – non avendo mai funzionato per quella che è la sua naturale predestinazione, cioè la percezione di molecole volatili – non si può certo affermare che esso sia privo di esperienze olfattive. La tempestiva attivazione dell'olfatto e le esperienze profumate accumulate nel corso della vita intrauterina determineranno nel bambino lo sviluppo di una competenza e di una memoria olfattive, influenzando i suoi comportamenti dopo la nascita e orientando le sue preferenze. La precoce inclinazione semiotica del naso si manifesta nella sua abilità a comunicare sia con l'interno (la percezione degli aromi del liquido amniotico), sia con l'esterno (le osservazioni ecografiche mostrano che anche una particolare essenza strofinata sul ventre materno può essere percepita dal feto, suscitandogli una reazione di piacere o di fastidio). Grazie, infatti, a un meccanismo chimico dipendente da recettori sensibili a determinate molecole gassose e che prescinde dall'attività respiratoria, il feto può esperire odori diversi attraverso la parete addominale della madre, assimilandoli ed elaborandoli autonomamente (Soldera 1995a). Alla 12ª settimana inizia anche a deglutire e quindi ad apprezzare il sapore del liquido amniotico. L'osservazione ecografica permette di rilevare la golosità del feto per le sostanze dolci e la sua avversione per quelle amare: se iniettate nel liquido amniotico dopo la 24ª settimana gestazionale determinano, nel primo caso, evidenti smorfie di piacere e un aumento del ritmo della deglutizione e dei movimenti di suzione, nel secondo, invece, smorfie di dispiacere accompagnate dal tentativo di chiudere la bocca.

L'attitudine del bambino ad annusare e ad assaporare prima ancora di venire al mondo agisce così da 'filo conduttore chimico' tra la vita pre e postnatale (Schaal, Hertling 1981-2000: 359-362; Bellieni 2004). Esperimenti condotti già dagli anni Settanta hanno rivelato che sin dalle prime ore di vita i neonati – e in percentuale crescente quelli di due e di sei settimane – cercano e riconoscono la madre, più precisamente l'odore del suo seno, del suo collo e del suo latte, molto simile a quello del liquido amniotico, un odore che nutre e rassicura anche perché già esperito nella vita prenatale: essi tendono a ruotare il capo verso panni impregnati di questi odori piuttosto che verso panni puliti. E ancora prima della prima poppata o del suo primo biberon, il bambino è attratto dall'odore del suo liquido amniotico, preferenza conservata per parecchi giorni indipendentemente dal tipo di allattamento (Schaal *et al*. 1998b). Grazie a questo processo d'identificazione olfattiva, neonati allattati al seno possono distinguere precocemente la loro madre da qualunque altra donna che allatta: orientano il capo maggiormente verso l'odore del latte materno e producono movimenti della bocca più prolungati. Quest'attitudine è presente anche nei neonati allattati artificialmente: capaci di distinguere l'odore del seno di una donna che allatta dall'odore del seno e delle ascelle della propria madre, non sembrano invece discriminare l'odore del loro latte artificiale da quello di un altro latte artificiale non familiare (probabilmente a causa delle sue qualità lattee poco differenziabili per intensità e per qualità). Alla stregua di una firma olfattiva della madre, l'odore del latte materno attira il neonato in virtù della familiarità precoce con esso (cfr. Marlier, Schaal 1997; Doty 1991b; Schaal, Hertling 1981-2000: 364-365; e le ricerche citate in Zucco 1988: 69-70 e in Stoddart 1990: 83-84).

L'attenzione olfattiva per la figura materna si conserva nel tempo, e bambini di 2-3 anni e di 3-5 anni sono capaci di identificare un indumento indossato dalla loro madre e di distinguere anche i loro fratelli e/o sorelle da un bambino estraneo della stessa età e dello stesso sesso (Schaal 1997: 15). Viceversa, altri esperimenti interessanti proverebbero l'insensibilità del neonato all'odore paterno e a quello di qualunque altro uomo: in questo caso la mancanza di 'riconoscibilità genetica' e la rarità di contatti ravvicinati con il padre spiegherebbero l'assenza di reattività olfattiva del neonato verso il padre (Schaal, Hertling 1981-2000: 365; Vroon *et al.* 1994: 189). La presenza di un dialogo 'profumato' tra madre e figlio e l'importanza dell'odore per la creazione di un legame duraturo sono attestati peraltro dalla prontezza esibita, a loro volta, dalle madri nel riconoscere a naso i loro neonati, già poche ore dopo il parto e in seguito a un'unica esposizione, dopo averli avuti accanto per un periodo di tempo compreso tra dieci minuti e un'ora. Del pari anche i padri, le nonne e le zie possono identificare correttamente le magliette indossate dai neonati la prima volta. Se da una parte quindi si può ipotizzare che l'odore familiare abbia una base genetica (Stoddart 1990: 84), dall'altra è anche vero che l'odore riconosciuto per la sua familiarità potrebbe essere quello della madre: da principio il neonato porta l'aroma materno per sviluppare solo in seguito un'impronta olfattiva personale. Attivo già prima della nascita, il riconoscimento chimico nell'uomo sembrerebbe dunque l'esito di un apprendimento precoce.

Se «la nostra vita inizia percependo una sorta di 'profumo vitale' nel liquido interno all'utero» (Vroon *et al.* 1994: 29), è verosimile che le informazioni olfattive e gustative incamerate dal feto nella vita prenatale favoriscano nel neonato il riconoscimento precoce e la preferenza per la figura materna, fornendo altresì l'impronta attorno a cui si organizzeranno le condotte ulteriori del bambino e le sue prime rappresentazioni. Immerso nel liquido amniotico, un ambiente ricco di odori e di sapori, il bambino quindi instaura presto un dialogo olfattivo, prendendo altresì contatto con le preferenze alimentari e di vita della madre, influenzate ovviamente dalle abitudini culturali. Alcune ricerche infatti hanno stabilito una relazione tra l'aroma del liquido amniotico di alcune madri palestinesi e il consumo abbondante di cibi speziati (con curry, cumino ecc.) prima del parto. E in uno studio condotto a Marsiglia negli anni Ottanta, alcuni pediatri hanno osservato la reazione di un gruppo di neonati del luogo al gusto di una salsa particolarmente piccante a base di aglio (l'*aïoli*), tipica della regione, usata abitualmente dalle loro madri anche durante la gravidanza: mettendone una piccola dose sul capezzolo prima della poppata, i bambini vi si attaccavano voracemente dando segno di riconoscere e di gradire quel sapore forte, già sperimentato nel grembo materno. Neonati nati a Parigi, dove l'*aïoli* non viene usata, sottoposti allo stesso esperimento rifiutavano il seno impregnato di quell'aroma intenso per loro nuovo, girando la testa dall'altra parte (citato in Bellieni 2004: 16). E al momento dello svezzamento, neonati le cui madri durante la gravidanza hanno seguito una dieta ricca di carote mostrano una preferenza per quel sapore già noto, anche se non è stato riproposto loro nel corso dell'allattamento (Mennella *et al.* 2001). Cosicché, nonostante l'evoluzione chimica del liquido amniotico, e quindi il suo aroma, siano in una certa misura determinati geneticamente, le preferenze e le avversioni sviluppate attraverso la continua deglutizione del liquido amniotico sono l'esito di un apprendimento e il loro mutare con il variare delle scelte alimentari materne dà luogo a preferenze e avversioni specificamente rinforzate nel neonato (MacLeod 1981-2000: 353).

L'odore materno cui il neonato è esposto ripetutamente nel corso dei brevi momenti di veglia e maggiormente durante l'allattamento, oltre a favorire l'individuazione e la localizzazione della madre (il suo avvicinarsi), differenziandola da ogni altro individuo che si relaziona a lui, veicola un'emozione – la sensazione cioè di sentirsi protetto e al sicuro – e ha effetti sui comportamenti di reazione alla paura o al dolore. Nei neonati allattati al seno l'esposizione all'odore del latte materno diminuisce significativamente la durata dei pianti nel corso del primo prelievo di sangue rasserenandoli: e all'efficacia analgesica dell'odore del latte materno rispetto ad altri odori (latte artificiale, siero fisiologico) si coniuga il suo potere di deviare l'attenzione individuale (Mellier *et al.* 1997). Per stabilire se queste proprietà calmanti sono specifiche dell'odore del latte o di ogni odore familiare saranno comunque necessari ulteriori esperimenti. La possibilità di modificare la reattività al dolore attraverso una colorazione olfattiva familiare e positiva, sia negli uomini sia negli animali, a condizione che il soggetto abbia già familiarità con quell'odore, rimarca altresì il carattere psicologico dell'odore stesso. L'aroma materno, ancor prima che il bambino possa vedere chiaramente la madre, è il primo codice di riconoscimento affettivo. Per il suo aspetto 'carnale' esso assicura ancor più della voce la presenza materna e consente al neonato di conservarne l'impronta olfattiva anche in sua assenza: la psicanalista F. Dolto rileva infatti come un bambino lontano dalla madre possa accettare il biberon se questo viene avvolto in un indumento impregnato dell'odore materno (citato in This 1981-2000: 323-324; Schaal, Hertling 1981-2000: 368-369). A loro volta, anche gli odori del neonato possono giocare un ruolo favorevole nell'attaccamento della madre al suo piccolo. S'è già detto (*supra*, §§ 2.3 e 2.4) quanto questo sia importante nel mondo animale, dove il legame tra genitore e figlio è affidato in massima parte al riconoscimento olfattivo precoce. Da esso dipende, per esempio, la sopravvivenza dei coniglietti appena nati: la figliata ha la possibilità di prelevare il latte indispensabile per la propria sopravvivenza solo nel corso delle visite diradate che la madre fa al nido per pochi minuti al giorno. È stato dimostrato come nei coniglietti ancora ciechi i movimenti di ricerca della mammella siano innescati da segnali chimici (feromoni) presenti nel latte e nella pelliccia della madre: deodorando accuratamente le mammelle della madre si è osservato che i piccoli, per quanto affamati, non mettono in atto il loro comportamento di ricerca, che si attiva invece se vengono posti sul ventre di una gatta profumata con il latte materno. Una reazione adattativa così precoce e puntuale a uno specifico feromone materno lascia pensare che la memorizzazione di questi segnali sensoriali sia frutto di un apprendimento precoce iniziato prima della nascita (Hudson, Distel 1982, 1983, citati in Holley,

1999: 42-43). Nella maggior parte delle specie i mammiferi appena nati sono incapaci di alimentarsi autonomamente, perciò le loro possibilità di sopravvivenza e di crescita dipendono dall'identificazione olfattiva della mammella materna. Se nelle prime ore di vita un ratto viene reso anosmico attraverso l'ablazione del bulbo olfattivo – e se pure la madre è stata anestetizzata – muore d'inedia (Le Magnen 1981-2000: 340-341).

Sullo sviluppo dell'edonismo olfattivo, cioè delle preferenze nei neonati e nei bambini, si contrappongono due ipotesi teoriche: gli innatisti come J.E. Steiner difendono l'idea di una capacità di valutazione innata della qualità edonistica degli odori, fondata su meccanismi cerebrali geneticamente determinati; gli empiristi, tra cui T. Engen e B. Schaal, ritengono che le preferenze olfattive, assenti alla nascita, vengano acquisite con l'età, con l'aumentare della frequenza dei contatti e quindi con l'esperienza (grazie anche al progressivo aumento dell'acuità olfattiva) per associazione e imitazione di modelli culturali. Fotografando le risposte oro-facciali di neonati dopo aver somministrato loro sostanze dolci, acide o amare (prima della prima poppata), Steiner ha fornito una chiara dimostrazione delle loro preferenze per gusti (e odori) diversi: a una soluzione acida essi rispondono con un'increspatura delle labbra, accompagnata da arricciamento del naso e da chiusura degli occhi; uno stimolo amaro provoca un aumento della salivazione, smorfie di disgusto e movimenti che preludono il vomito; mentre in presenza di una soluzione dolce il bambino esibisce un'espressione facciale di soddisfazione e succhia con gradimento. Le risposte del neonato sono qualitativamente diverse anche in presenza di bastoncini di cotone impregnati di odori alimentari differenti: le reazioni sono positive nel caso dell'odore del burro, della banana o della vaniglia (in questo caso possono anche essere indifferenti), unanimemente negative nel caso dell'odore di uova marce, parzialmente negative in presenza dell'odore di pesce (Steiner 1977, 1979).

Engen (1982, 1991; Engen, Engen 1997) sostiene invece che nei bambini le risposte differenziate verso odori non familiari si manifestano tardivamente, cioè dopo il secondo anno di vita: quanto più grandi sono i bambini tanto più le loro preferenze assomiglieranno a quelle degli adulti, e ciò si verifica già in bambini di età compresa fra i 3 e i 7 anni. Alla base di questo processo ci sarebbe un meccanismo di apprendimento associativo: non a caso gli odori divengono significativi per gli individui attraverso le esperienze e le associazioni con altri eventi, fatti o persone, com'è dimostrato del resto dalla possibilità di condizionare le preferenze alimentari già in età fetale. Feti umani le cui madri hanno consumato l'anice, una sostanza che dà alla liquirizia il suo sapore, mostrano una preferenza per questa sostanza dopo la nascita, a differenza dei neonati senza esposizione fetale. Questi esperimenti dimostrano altresì l'abilità del bambino a discriminare singole componenti odorose in un ambiente chimico altamente variegato come il liquido amniotico (Schaal *et al.* 2002: 431-433). I pochissimi studi sul rapporto dei bambini con gli odori e sul loro ruolo negli ambienti di vita quotidiani non permettono tuttavia di avanzare ipotesi certe sulla natura dei meccanismi di apprendimento e di socializzazione degli odori (familiarizzazione, influenza di un modello socio-culturale, apprendimento associativo), ancora poco noti. Nell'uomo sembrerebbe innata solo la tendenza ad associare le esperienze olfattive con le conseguenze positive o negative che ne derivano e la stretta relazione tra meccanismo olfattivo e circuiti neurali responsabili delle emozioni (Engen 1982: 131). Le preferenze olfattive sarebbero l'esito di un processo di apprendimento in cui il neonato associa ripetutamente un odore a un evento piacevole e gratificante come può essere la poppata o semplicemente la presenza rassicurante della madre (Schaal, Hertling 1981-2000: 363). Sono pertanto modificabili dall'esperienza – a riprova della plasticità del sistema olfattivo – soprattutto negli individui giovani.

Neonati di due giorni esposti nelle ventiquattr'ore precedenti, mentre dormivano nella culla, all'odore di ciliegia o di zenzero orientano preferenzialmente la testa verso questo stimolo, esibendo capacità precoci di acquisizione e di memorizzazione di odori legate a una semplice esposizione. Verosimilmente, quindi, i bambini sono sensibili agli indici olfattivi nel corso del sonno – anche per la loro efficacia in condizioni di oscurità e per il loro carattere continuo e duraturo – più di quanto lo siano agli altri stimoli sensoriali: la respirazione nasale obbligatoria continua a stimolare i chemiorecettori del neonato permettendogli di acquisire informazioni sull'ambiente utilizzate poi durante la veglia (cfr. Davis, Porter 1991, citato in Soussignan 1997: 70, e gli studi citati in Schaal, Hertling 1981-2000: 363, 368). Occorre sottolineare che nel neonato lo sviluppo precoce della competenza olfattiva e la sua attitudine a memorizzare e a riconoscere gli stimoli chimici sono favoriti dai vantaggi della comunicazione chimica rispetto a quella mediata da altri sensi: i segnali olfattivi si propagano pure al buio (un vantaggio rispetto a quelli visivi, inefficaci a causa dell'immaturità della visione del neonato) e hanno un carattere stabile e costante che ne prolunga l'effetto anche in assenza della sorgente, attirando l'attenzione del bambino. Complessivamente i dati sperimentali sul carattere innato o appreso delle preferenze per gli odori sembrano tuttavia favorire una posizione che tiene conto di entrambe le ipotesi. E d'altro canto le stesse ricerche sulla percezione chemiosensoriale del feto avvalorano la tesi di un'acquisizione precocissima delle preferenze olfattive (Schaal 1997: 9).

Benché la comunicazione chimica del bambino con l'ambiente circostante costituisca un argomento ancora poco esplorato, è indubbia la sua importanza pratica e teorica nel corso dell'ontogenesi, soprattutto se si considera il legame dell'olfatto con la vita psico-sessuale e relazionale, con i comportamenti alimentari, con le emozioni e con la memoria. Nel comportamento del neonato l'odorato ricopre indubbiamente un ruolo primario, per gran parte poi gradualmente assunto dagli altri sensi. Ancora prima che il bambino ravvisi il volto della madre egli è sospeso all'odore materno, il primo ravvisabile alla nascita e per ciò stesso l'atto originario del riconoscimento di sé dall'altro, forse più fondamentale del primo sguardo e della voce materna: un odore ricco di sostanza affettiva, un odore che nutre, protegge e rassicura perché già conosciuto. Come un filo d'Arianna, guida i nostri movimenti nei primi giorni dopo la nascita e ci consente di orientarci nella nuova dimensione di vita extrauterina, attraverso un riconoscimento selettivo fondamentale per lo sviluppo dell'attaccamento, per le nostre relazioni sociali e per orientare le nostre conoscenze e le nostre scelte attrattive e repulsive. Se, dunque, ancora prima di essere animali linguistici siamo animali semiotici, la comunicazione olfattiva rappresenta il punto d'avvio di un *continuum* o di un *discontinuum* evolutivo che trova nel linguaggio verbale la sua più compiuta e più complessa forma di semiosi. Gli indici odorosi svolgono così una funzione cruciale nella fase prelinguistica della nostra esistenza perché costituiscono l''esordio' della nostra socialità e della nostra cognitività. Il primo linguaggio intimo tra madre e bambino sarebbe dunque affidato al naso e alla straordinaria capacità dell'odore, «prima testimonianza dei nostri legami con il mondo» (Bachelard 1960: 148), di penetrare nella memoria sin dai primi istanti di vita e di risvegliare i vissuti più lontani:

Quando, leggendo i poeti, si scopre che una infanzia intera è evocata dal ricordo di un profumo isolato, si capisce che l'odore, in un'infanzia, in una vita, è, se si può dire, un *particolare immenso* (ivi: 153).

2.6. *I profumi dell'amore: naso e seduzione*

Senza rendercene conto quando incontriamo una persona che c'interessa la annusiamo come fanno gli animali. Anzi, a rigore si potrebbe affermare che gli esseri umani stabiliscono legami e avversioni anche attraverso il naso. Ma la scarsa considerazione che abbiamo per l'olfatto ci porta a non prestarvi la dovuta attenzione. Persino i nostri legami di amicizia vengono regolati dal naso: non a caso, in genere giudichiamo gradevole l'odore delle persone amiche e sgradevole o indesiderato quello di persone sconosciute o che non ci piacciono probabilmente anche per il loro odore. In alcune società tradizionali, come la tribù australiana dei Gidjingali, l'importanza degli odori corporei nei legami d'amicizia (funzionale all'identificazione di due amici e al consolidamento del legame sociale che li unisce) è attestata dalla consuetudine di salutarsi con un amico che sta per partire sfregando le mani prima sotto le proprie ascelle e dopo sotto quelle dell'amico, per poi toccare il proprio petto e quello dell'amico. In molte tribù sparse per il mondo, in Birmania, Siberia, India, nel Borneo, la parola 'baciare' significa 'annusare': il bacio sarebbe una lunga annusata della persona amata, del parente o dell'amico. In altre culture, per salutarsi le persone si odorano reciprocamente o sfregano i nasi (Schleidt 1997: 21; Ackerman 1990: 22; Stoddart 1990: 11). Per non parlare poi della funzione semiotica essenziale svolta dall'odore tra persone legate da un rapporto amoroso o anche solo da un'intesa sessuale.

Perché un uomo sceglie una donna e viceversa? Certamente non è necessario essere degli scienziati per sapere che il partner si sceglie anche per un'affinità elettiva che nasce nelle nostre narici e che gli odori sono agenti essenziali della seduzione. Diciamo pure che l'amore si scopre e si fa anche con il naso, fonte e insieme testimone dell'attrazione e del desiderio sessuale del partner. Il fatto di accorgersi di amare una persona quando di lei si accettano persino gli odori più indiscreti, intimi, estremi, lo conferma: la compatibilità di una coppia è anche il frutto di un'alchimia olfattiva. Nella relazione amorosa, il fondersi e l'intricarsi dei corpi si realizza soprattutto attraverso

un'alchimia di odori e di sapori, e il bacio in cui due amanti mescolano i loro umori, penetrando l'uno nella sfera del-
l'altro, è l'espressione più piena del sapore e del profumo
dell'intimità. È soprattutto con il naso che decidiamo con
quale persona possiamo instaurare una buona intesa sessuale, ed è sempre l'odore giusto, ancor prima della simpatia, dell'intesa mentale e/o dell'attrazione fisica a rendere una persona irresistibile al nostro 'fiuto' ancor più
che ai nostri occhi. Se il profumo del partner è così importante nell'attrazione fisica la ragione sta anche nel fatto che esso stimola uno dei sensi cardinali per l'attrazione
più profonda e istintiva e coinvolge la parte più arcaica del
nostro cervello. Senza contare poi che amare una persona
modifica sia il nostro odore, sia la nostra percezione del-
l'odore dell'altro.

Casanova, un archetipo dell'*ars amatoria* e della bra-
mosia sessuale, nei suoi scritti fa riferimento al piacere suscitato dall'odore delle donne: «quanto alle donne, ho
sempre trovato soave l'odore di quelle che ho amato. [...]
C'è qualcosa nella stanza da letto di una donna che si ama,
qualcosa di così intimo, di così profumato, delle emanazioni talvolta voluttuose che un innamorato non esiterebbe-
be un istante se dovesse scegliere tra il cielo e questo luogo di delizie» (citato in Le Breton 2006: 291-292). Baudelaire ne *I fiori del male* celebra audacemente gli effluvi corporei, descrivendo la sensazione di estasi e di rapimento
suscitata dall'odore della persona amata: «quando, una
calda sera d'autunno, ad occhi chiusi io respiro l'odore
dell'ardente tuo seno, vedo innanzi spiegarmi un paese se-
reno che un sole eterno abbaglia coi suoi fuochi diffusi.
[...] Dall'odor tuo guidato a cieli più soavi, ecco m'appare
un porto popoloso di navi, cui trema ancor la chiglia del
travaglio dell'onda, mentre il forte profumo dei tamarindi
in fiore, che col vento mi giunge e le nari m'inonda, al canto delle ciurme mi si mesce nel cuore» (1857: XXII, *Profumo esotico*). Ne *Il nome, il naso* Italo Calvino scrive: «col
naso mi sono accorto che nel branco c'è una femmina non

come le altre, non come le altre per me per il mio naso, e io correvo seguendo la sua traccia nell'erba, ed ecco che l'ho trovata ecco era lei che m'aveva chiamato col suo odore in mezzo a tutti gli odori ecco io aspiro col naso tutta lei il suo richiamo d'amore» (1986: 9). Senza essere letterati, anche a ciascuno di noi l'esperienza insegna quanto l'intesa sessuale di una coppia sia affidata agli odori e quanto il profumo dell'altro possa rivelarsi un potente afrodisiaco: quando gli odori del partner non ci piacciono più e il sapore dei suoi baci non ci coinvolge è segno che l'intesa è venuta meno e qualcosa non va. Nel bene e nel male, gli indici olfattivi agiscono sulla nostra vita sessuale rafforzando i legami intimi, favorendo l'abbandono oppure suscitando repulsione e fastidio. Non sempre e non tutti gli odori corporei hanno infatti un effetto stimolante: possono accentuare il desiderio erotico o diminuirlo fino ad annullarlo nel caso in cui avvertiamo una sensazione di fastidio olfattivo che inevitabilmente ci suscita avversione. Test clinici dimostrano come all'interno di una coppia il non gradimento dell'odore del compagno possa determinare il fallimento della relazione (Schiffman 1997: 164).

Come s'è visto sopra, il profondo legame esistente tra odori, desiderio e seduzione è ampiamente attestato in letteratura, e sin dall'antichità gli aneddoti sul nesso tra profumi e seduzione e sul valore simbolico attribuito al naso sono stati alimentati nelle diverse culture. Circe, per riconquistare Ulisse, fece ricorso a potenti filtri aromatici, e Giuditta per sedurre Oloferne si cosparse il corpo con un olio prezioso. Sembra che Kama, il dio indù dell'amore, portasse una faretra piena di fiori anziché di frecce. E sempre per la mitologia i profumi nacquero dal mare con la dea della bellezza, Afrodite, quando fu creata dalla spuma delle onde al largo di qualche isola greca. Forse anche per questa ragione il profumo del mare è sempre stato associato a quello della donna e alla vagina viene riconosciuto un odore marino e salino. Lo psicoanalista S. Ferenczi, allievo di Freud, in *Thalassa. Psicoanalisi della vita sessuale*

(1924), asserisce che il ventre femminile sa di «aringa in sa-lamoia» e che ciò che spinge gli uomini a fare l'amore è addirittura «un desiderio di ritorno verso l'oceano abbandonato in tempi antichi». Nel periodo elisabettiano gli amanti usavano donarsi 'mele d'amore': la donna teneva una mela sbucciata sotto l'ascella per impregnarla del proprio sudore, offrendola poi all'amante perché l'annusasse. E nell'antico Egitto gli uomini non meno delle donne si profumavano i genitali per accentuare e addirittura esasperare il proprio odore. In alcune società tradizionali il rito della seduzione è ancora oggi affidato all'uso di profumi e di fragranze raffinate che le donne impiegano con straordinaria efficacia. È il caso delle donne di una piccola isola della Micronesia, Nauri, la cui consuetudine è di profumarsi sia all'esterno del corpo, sia all'interno (Le Guérer 1998: 28-29; De Martino 1997: 111-112, 129; Aftel 2001: 173-190; Ackerman 1990: 23).

Il significato erotico attribuito al naso per la sua forma sporgente che rimanda ad altre protuberanze è un prodotto culturale, ma nell'elaborazione simbolica esso si presta a rappresentare tanto l'organo sessuale maschile quanto la cavità dell'organo femminile. E nel linguaggio metaforico il naso assume un significato fallico. Nella Grecia antica gli uomini con un grande naso erano considerati particolarmente virili, al punto da consolidare l'usanza, cui fa riferimento Virgilio nell'*Eneide*, di punire gli adulteri con la sua amputazione. E nel *Dizionario dell'erotismo* (1988) E. Borneman definisce il naso «un organo importante anche sessualmente» e cita un ballo popolare dal significato sessuale, la cosiddetta danza del naso, nel corso del quale nel Medioevo il naso più grande veniva premiato con una ghirlanda di fiori (citato in Occhibianco 2002: 27-28). Al di là dell'aneddotica, sul mistero del naso carnoso e sporgente tipico della specie umana, le osservazioni dello zoologo D. Morris (1967), scrive De Martino, suggeriscono che «un'appendice nasale così diversa da quella degli altri primati abbia una funzione sessuale nel contesto dell'orientazione frontale dei contatti sessuali e sociali. Avendo gli esseri umani assunta la scomoda posizione eretta, i segnali un tempo emessi posteriormente dalla regione ano-genitale si sarebbero per così dire spostati, nel corso dell'evoluzione, alla faccia» (De Martino 1997: 115-116). Quelle che sembrerebbero solo suggestioni hanno di fatto una base scientifica. Numerose ricerche, già dagli anni Quaranta del secolo scorso (quindi molto tempo prima che si discutesse dei feromoni umani e dell'organo vomeronasale) attestano l'influenza degli odori sulla sessualità e il nesso biologico tra il naso e il sesso. Da qualche tempo sono noti i collegamenti diretti del naso con le aree del cervello che regolano le emozioni, i sentimenti e la vita sessuale.

Il legame naso-ipotalamo-ipofisi-gonadi – afferma Stoddart (1990: 18) – è sviluppato negli esseri umani come in altri mammiferi, anche se può sembrare difficile accettare immediatamente che il nostro senso dell'olfatto giochi un ruolo di primo piano nella riproduzione umana. Gli uomini non reagiscono ai feromoni nella stessa misura in cui fanno, per esempio, i cani maschi quando avvertono l'odore di una cagna in calore; ciononostante l'antico legame resta essenzialmente intatto. Il naso conserva ancora una parte fondamentale nel meccanismo della riproduzione sessuale, sebbene [...] la selezione naturale ha plasmato le sue abilità in modo molto sottile.

A dispetto però del «coinvolgimento neuroendocrinologico degli odori nella fisiologia sessuale degli esseri umani [...], non esiste una chiara evidenza riguardo al ruolo dell'odore nel corteggiamento tra gli esseri umani» (Stoddart 1990: 104). «L'alleanza naso-genitale», come la chiama Stoddart, cioè il nesso biologico tra fisiologia sessuale e chemiorecezione, si manifesta anche nel comportamento di esplorazione degli organi genitali che spesso gli uomini, come molti animali, affidano al naso. E sebbene nei comportamenti dei primati superiori i segnali odorosi non abbiano una funzione dominante, osservazioni sulla scimmia Rhesus, per esempio, dimostrano come questo tipo d'investigazione faccia parte delle normali pratiche di corteggiamento, rilevando altresì l'importanza dei segnali olfattivi nel comportamento sessuale. Nelle secrezioni vaginali di queste scimmie è stata individuata inoltre la presenza di feromoni particolarmente attraenti per i maschi maturi, al punto che se i nasi di questi ultimi vengono neutralizzati con tamponi impregnati di anestetico si verifica un calo dell'interesse sessuale che si ristabilisce nuovamente solo quando i tamponi vengono rimossi. Si è osservato inoltre che all'arrossamento della zona ano-genitale e della pelle del viso delle femmine, nel periodo che va dall'ovulazione alla mestruazione, corrisponde un arrossamento e un rigonfiamento della mucosa nasale. Anche nelle donne, già da qualche decennio, il nesso naso-genitale è attestato dal fatto che una perdita di sangue dal naso o sintomi di congestione nasale spesso si accompagnano alle mestruazioni e alle ultime fasi della gravidanza (a causa di un incremento degli estrogeni). È stato rilevato, tra l'altro, che l'epistassi è presente durante la pubertà in entrambi i sessi e talvolta durante il rapporto sessuale. Nell'uomo in genere, l'eccitazione sessuale determina un aumento della produzione di odori corporei nelle zone in cui vi è una maggiore presenza di ghiandole apocrine (ascelle e genitali), e l'aumento stesso dell'attività secretoria di queste ghiandole con il raggiungimento della maturità sessuale (pubertà) è comunque un'altra prova dell'importanza degli odori biologici nella vita sessuale dell'animale umano. Più evidente nelle condotte sessuali e riproduttive dei roditori, il fondamento biologico del legame tra olfatto e sessualità è comprovato anche nell'uomo. Le analogie anatomiche riscontrate tra la mucosa olfattiva e il corpo cavernoso del pene spiegherebbero la frequente costrizione nasale durante l'eccitazione sessuale e la tendenza di un uomo a starnutire in presenza di una bella donna (Stoddart 1990: 43-46, 91-136). La ricca vascolarizzazione presente nella parte respiratoria della mucosa nasale ne avrebbe favorito l'associazione con il tessuto erettile del pene.

La sindrome di Kallmann (cfr. *supra*, § 1.3) e il fenomeno dell'iperosmia delle donne durante l'ovulazione sono altrettanto evidenze dell'esistenza di un collegamento
funzionale tra apparato olfattivo e produzione di ormoni
sessuali. Per di più è stato dimostrato che la perdita del-
l'olfatto riduce l'impulso sessuale e altera a sua volta la riproduzione: non è infrequente che soggetti con disturbi
olfattivi ammettano di avere un calo della libido. W. Fliess,
un otorino viennese amico di Freud, aveva elaborato una
discussa teoria sulla corrispondenza tra il naso e gli organi sessuali femminili (*Die Beziehungen zwischen Nase und
weiblichen Geschlechtsorganen*, 1897), dimostrando che la
congestione nasale e la perdita di sangue dal naso spesso
si manifestano durante la mestruazione, la gravidanza e il
parto. Il significato fenomenologico e clinico dell'olfatto
non poteva poi lasciare indifferente il padre della psicoanalisi. Più volte Freud nei suoi scritti aveva ipotizzato che
la maggior parte delle nevrosi e delle psicosi avessero la loro origine nella repressione sessuale connessa alla rimozione dell'odorato (1909). In particolare, nel *Disagio della
civiltà* indica nell'olfatto il prezzo che l'umanità ha dovuto pagare al processo evolutivo e allo sviluppo della civiltà:

La diminuzione degli stimoli olfattivi sembra la conseguenza dell'alzarsi dell'uomo da terra, dell'assunzione dell'andatura
eretta, che rese visibili e bisognosi di difesa i genitali finallora na-
scosti e provocò così la vergogna. All'inizio del fatale processo
d'incivilimento ci sarebbe dunque l'ergersi dell'uomo da terra.
La catena degli eventi, dopo essere passata attraverso la svalutazione degli stimoli olfattivi e l'isolamento del periodo mestruale,
procedette di qui fino ad attribuire preponderanza agli stimoli
visivi, alla visibilità dei genitali e, oltre, fino alla continuità del-
l'eccitamento sessuale, alla fondazione della famiglia e in tal modo fino alla soglia della civiltà umana (1929: 235-236 nota).

L'ovulazione nascosta e non manifesta caratteristica
degli esseri umani (diversamente da tutti i mammiferi, e
specialmente dai primati, dove l'estro è segnalato da indi-

ci visivi e olfattivi) ha contribuito alla nostra desensibiliz-zazione olfattiva e determinato lo sviluppo dei legami di coppia e di una cura paterna maggiore: insomma, con la formazione delle famiglie il sesso è diventato un affare pri-vato. La conseguenza più importante dello sviluppo dei le-gami di coppia, afferma Stoddart, «è il cambiamento av-venuto nel sistema di riconoscimento degli odori, il quale ha reso illeggibili i segnali di manifestazione dell'estro»: è così che nel corso dell'evoluzione gli odori hanno perso per l'uomo il loro significato biologico. Il vantaggio della desensibilizzazione olfattiva è del resto evidente: la ridu-zione delle possibilità di individuare femmine in calore per un accoppiamento clandestino ha permesso di conservare e di rafforzare il legame di coppia (Stoddart 1990: 256-259). Le ricerche moderne più accreditate sul ruolo del-l'odorato nel comportamento sessuale umano si devono, oltre che a Kallmann, al fisiologo J. Le Magnen (1949), per aver già osservato nella donna una sensibilità olfattiva ele-vata verso l'odore di muschio, tipico dell'uomo, nel perio-do dell'ovulazione e una riduzione dell'acutezza olfattiva nei casi di ovariectomia. Antropologi, psicologi, medici e letterati concordano nell'attribuire agli odori ascellari una funzione di attrazione tra i due sessi (Stoddart 1990: 70-80). Gli esperimenti sugli effetti dell'androstenone, intesi a dimostrare l'esistenza di feromoni umani (in particolare quelli delle poltrone del teatro e dello studio dentistico – cfr. *supra*, § 2.3), proverebbero d'altro canto il ruolo gio-cato da questo steroide nei rapporti interpersonali. Lo stesso dicasi per quelli attraverso i quali la McClintock (1971) ha dimostrato la possibilità di manipolare la fre-quenza del ciclo mestruale di donne cui erano stati fatti an-nusare i composti odorosi prelevati dalle ascelle di alcune donatrici durante la fase ovulatoria.

L'importanza del naso nella scelta del potenziale part-ner, a prescindere dall'essere maschio o femmina, etero o omosessuale, emerge anche da una ricerca più recente (Martins *et al.* 2005): le preferenze di una persona per l'odore del corpo di un'altra dipendono in parte dal sesso e dall'orientamento sessuale tanto di chi li produce quanto di chi li recepisce. La ricerca ha coinvolto ottantadue individui tra uomini e donne etero e omosessuali, ai quali è stato chiesto di indicare una preferenza fra gli odori provenienti dal sudore ricavato da ventiquattro donatori uomini e donne di vario orientamento sessuale. I risultati mostrano che le preferenze degli omosessuali, uomini e donne, sono diverse da quelle degli eterosessuali: i maschi omosessuali preferiscono odori provenienti da altri uomini gay, mentre i loro odori sono sempre percepiti come sgradevoli da uomini eterosessuali e da donne omosessuali. Nell'insieme, le preferenze sono risultate collegate alla maggiore o minore piacevolezza degli odori anziché alla loro intensità. Non è esclusa, quindi, l'esistenza di una base biologica delle preferenze sessuali (ogni individuo produce alcune sostanze chimiche standard a seconda del sesso e dell'orientamento sessuale), che si manifesterebbe sia nella produzione di odori corporei diversi, sia nella percezione e nella reazione ad essi. Pur in assenza di prove certe sulla natura feromonale delle sostanze presenti nel sudore ascellare di uomini e donne e malgrado sia difficile sostenere l'indispensabilità dell'olfatto nella scelta di un compagno, è di certo innegabile l'azione più o meno consapevole esercitata dagli odori corporei nell'attrazione e nelle condotte sessuali e riproduttive.

2.7. *Annusare e comprare: il marketing olfattivo*

La carica seduttiva degli odori e il loro potere persuasivo da qualche tempo sono sfruttati anche nel campo della comunicazione. Addirittura, negli Stati Uniti lo slogan *Sell with smell* da anni è diventato il principio ispiratore della filosofia del marketing, facendo dell'olfatto il nuovo protagonista nella scena delle vendite. Se l'odore sta ovunque, in tutto ciò che ci circonda, cose, individui, luoghi, svelandone la loro natura intima molto più della vista, dell'udito o del tatto, perché non impiegarlo per convincere il potenziale compratore ad acquistare un prodotto lasciandosi guidare proprio dal naso? A tutti è noto il potere esercitato dalla musica e dalle immagini sui nostri sensi e quindi sulla nostra psiche, ma non può certo dirsi lo stesso per gli odori, il cui potere persuasivo è ai più sconosciuto. L'olfatto inoltre sfugge al controllo delle regole che governano gli altri sistemi sensoriali, connotandosi come il più emotivo e il meno controllabile razionalmente. L'apparente debolezza del naso, il suo essere più diretto (per la sua azione immediata sul sistema nervoso), più intuitivo e specialmente più evocativo degli altri sensi (le memorie olfattive sono le più persistenti), è in realtà il suo punto di forza. Poeti e scrittori in tutti i tempi hanno speculato sulle sensazioni emotive suscitate dagli odori e raccontato come questi provochino ampi voli della memoria. Il linguaggio degli odori agisce su un canale meno frequentato – quello emotivo – e perciò stesso più ricettivo e immediato, una peculiarità che certamente va sfruttata nella comunicazione: questo lo rende molto più eloquente e più convincente delle parole, motivando l'acquisto di un prodotto in modo più incisivo e seducente. Appellandosi proprio a questo potere straordinario degli odori P. Süskind, autore del noto romanzo *Il profumo* (1985), una geniale celebrazione dell'olfatto, scrive che «il profumo ha una forza di persuasione più convincente delle parole, dell'apparenza, del sentimento e della volontà». In fin dei conti, al profumo non si può resistere e non v'è modo di opporsi alla sua forza di penetrazione. Sono queste le ragioni che maggiormente hanno contribuito al successo delle scelte olfattive quale nuova frontiera nel campo del marketing.

La comunicazione pubblicitaria tradizionalmente si è affidata in misura maggiore alla vista e all'udito, per far leva soprattutto sulla nostra componente razionale, escludendo l'olfatto: la centralità dello schema bisogno-acquisto-beneficio ha messo in ombra l'importanza decisiva dei fattori emozionali nel processo d'acquisto. Così la scelta dei colori e delle immagini appropriate, della musica associata a un prodotto o ad un marchio e la ripetizione di uno slogan con cui si sono influenzate le decisioni dei consumatori sono stati determinanti per il successo commerciale di un prodotto, di un luogo di vendita, per l'identificazione di un marchio o ancora per la riuscita di una campagna pubblicitaria. Alcune ricerche degli ultimi decenni tuttavia hanno messo in evidenza come oltre due terzi delle scelte del consumatore siano riconducibili a sensazioni soggettive non dettate da motivazioni razionali e, cosa più interessante, tali sensazioni sarebbero direttamente connesse agli stimoli sensoriali scatenati al momento dell'acquisto. «Il percorso della persuasione – afferma A. Testa, esperta di comunicazione pubblicitaria – si sviluppa più facilmente per le scorciatoie delle emozioni che lungo l'autostrada della ragione» (2003: 31). E orientando la nostra percezione della realtà, le emozioni influenzano i nostri pensieri e le nostre azioni. Sicché, già da qualche tempo sempre più aziende si affidano a strategie di marketing esperienziale e polisensoriale: per conquistare il cliente e per ampliare l'efficacia dei messaggi si ricorre all'impiego di linguaggi sinestetici, stuzzicando tutti e cinque i sensi (cfr. Miani *et al.* 2008). Tali strategie sono ispirate dal presupposto che la scelta di un prodotto non sia dettata solo da ragioni di utilità legate al rapporto costo-beneficio, ma anche da emozioni e stati d'animo evocati dal prodotto stesso o semplicemente suscitati dall'ambiente, che agiscono in modo più profondo e diretto sulla nostra sfera emotiva. Dagli anni Novanta l'attenzione degli esperti di marketing si è spostata dalle caratteristiche del prodotto e dal suo valore allo stile di vita e ai desideri del compratore. E poi anche alle sensazioni, alle immagini, ai sentimenti e ad altre componenti edonistiche e simboliche che complessivamente accompagnano un atto d'acquisto e lo determinano non solo in virtù della sua utilità ma per il piacere stesso di comprare un prodotto. Alcuni parlano addirittura di 'marketing sensuale'. E tra le ultime strategie sensoriali impiegate dalle imprese commerciali per attirare i compratori, sedotti fino a qualche anno fa solo da stimoli emotivi visivi e uditivi, oggi è indubbiamente il naso a catturare l'attenzione degli studiosi del marketing. La possibilità di sfruttare il potere unico degli odori di scatenare emozioni immediate e di richiamare ricordi fortemente connotati emotivamente si è rivelata una carta vincente per orientare le scelte del consumatore e condizionare i suoi comportamenti d'acquisto. E d'altro canto non v'è da stupirsi se pensiamo che, posti davanti allo scaffale di un grande magazzino, il nostro primo impulso è proprio quello di fiutare un prodotto, di saggiarne la bontà attraverso il naso. Nella psiche umana poi un odore gradito è indice della qualità di un prodotto, così da essere associato alla nozione di 'buono'. E anche il buon odore di un locale, agendo a livello subliminale, s'identifica nel cliente con la qualità del prodotto o del servizio erogato.

Il concetto di marketing olfattivo si deve allo psichiatra americano A.H. Hirsch. Osservando che i clienti di un grande casinò di Las Vegas spendevano molti più soldi quando l'ambiente era profumato con aromi floreali, decise di mettere a frutto le proprie osservazioni illustrandole alle imprese. Così è stato chiaro che è possibile suscitare interesse, attirare ed emozionare le persone 'prendendole per il naso', invogliarle all'acquisto ridestando l'immaginario attraverso l'olfatto e collegando a odori emotivamente coinvolgenti un prodotto o un evento che s'intende promuovere. Questo è il marketing olfattivo e il segreto del suo successo, realizzato sfruttando le conoscenze della psicologia dell'olfatto (lo studio degli effetti esercitati dagli odori sul sistema nervoso e sulla psiche). Per citare qualche esempio, la catena inglese di grandi magazzini Woolworth, qualche anno fa, durante il periodo natalizio ha diffuso in numerosi suoi punti vendita un aroma intenso di *vin brûlé*, a intervalli di un quarto d'ora, riscontrando un notevole incremento delle vendite. Negli Stati Uniti molti panettieri, soprattutto nei grandi supermercati, all'apertura del negozio spruzzano delle bombolette spray all'odore di pane o di pizza appena sfornati. E in Francia alcuni bar della metropolitana attirano i clienti diffondendo spray al profumo di *croissants* caldi. Da tempo, anche alcuni rivenditori d'auto usate ricorrono a uno spray che sa di 'macchina nuova' per far sentire il compratore più a suo agio persino sulla macchina più vecchia. Per ottimizzare il rendimento dei dipendenti e fare in modo che la loro permanenza al lavoro sia più gradevole, alcune imprese giapponesi da anni ricorrono a strategie di profumazione dei loro uffici: al mattino essenze agrumate per stimolare, nel pomeriggio fragranze floreali per prolungare la resistenza e alla sera profumi di bosco per favorire l'ottimismo. Per non parlare poi del binomio, non proprio inedito, tra profumo e moda: quasi tutte le *griffes* hanno lanciato un proprio profumo, e anche il settore degli accessori sembra andare sempre più incontro alle nuove tendenze di seduzione olfattiva, profumando dalle scarpe da tennis ai capi d'abbigliamento, fino alla biancheria intima.

Così oggi sempre più negozi e aziende si affidano al potere persuasivo degli odori, sfruttando questo nuovo strumento di comunicazione non verbale: concessionarie di auto, commercianti alimentari, gruppi bancari, negozi d'abbigliamento, agenzie di viaggi, e ancora alberghi, agenzie immobiliari, sale cinematografiche e altri luoghi pubblici e privati. L'odore viene sfruttato nel marketing anche come potente mezzo d'identificazione. L'idea è quella di farsi riconoscere attraverso una 'cifra olfattiva', un logo, cioè una o più fragranze che caratterizzino un'azienda e ne permettano l'identificazione da parte del cliente. L'immagine di un'azienda, il suo sistema di valori, vengono comunicati materialmente dal suo marchio, raffigurato dal logo, un simbolo ricco di informazioni per identificare un prodotto fra tanti altri qualitativamente equivalenti e importante per assicurarsi una clientela nello spazio concorrenziale.

Insomma, una sorta di 'nome proprio' dell'azienda. In genere le grandi marche utilizzano loghi visivi, ma esistono anche loghi o *jingles* sonori. Il ricorso molto recente di alcune aziende a 'loghi olfattivi' rappresenta di certo un'innovazione che permette di valorizzare il marchio – anche solo per l'elemento di novità da esso introdotto – e insieme contribuisce ad assicurarsi una clientela. Il logo olfattivo, rispetto a quelli tradizionali, ha poi il vantaggio di poter essere diffuso in tutto lo spazio attraverso supporti materiali (carta, tessuti, pelle ecc.) e di pervadere interamente la situazione o l'evento legato all'azienda in cui viene diffuso.

Se si considera ancora una volta il legame privilegiato che gli odori intrattengono con le emozioni e con la memoria, affidarsi a un logo olfattivo può essere una scelta vincente nel promuovere i processi d'interazione tra il consumatore e il marchio (il prodotto). Ma la scelta dell'odore oltre a rappresentare i valori e l'immagine dell'azienda deve anche ottenere un consenso quanto più possibile universale. In passato alcune aziende si sono create un logo olfattivo a loro insaputa. E lo studio di questi fenomeni la dice lunga sull'efficacia del marketing olfattivo. Alcune persone intervistate nel corso di una ricerca hanno affermato che l'odore della vanillina non ricorda soltanto il talco per bambini ma fa venire in mente altresì il nome 'Borotalco' della nota casa che lo produce. Una dimostrazione del fatto che nell'inconscio collettivo un odore comune a diversi prodotti può diventare automaticamente il logo olfattivo del marchio più venduto. Per non parlare delle scenografie sensoriali che accompagnano e 'raccontano' numerosi eventi (sfilate di moda, concerti, anteprime di film, mostre), trasformati in vere esperienze sinestetiche dove la vista, l'udito e l'olfatto si sposano e si rafforzano reciprocamente per consentire una percezione olistica dell'evento artistico. Esistono poi veri e propri registi dell'olfatto, in grado di allestire 'scenografie olfattive', di orchestrare cioè concerti di profumi capaci di creare emo-

zioni e di scatenare ricordi: in una parola, di suggestiona-
re. Un esempio per tutti, la mostra organizzata qualche anno fa all'Ermitage di San Pietroburgo, intitolata *Caravag-
gio: un quadro, un profumo*, e affidata al genio olfattivo di
Laura Tonatto. Un evento senza precedenti in cui la nota
creatrice di profumi è riuscita a far parlare al naso, oltre
che agli occhi e alle orecchie, un quadro (*Il suonatore di
liuto*) ricreandone il profumo: «quello che il quadro co-
municava, ma anche quello che doveva sentirsi mentre Ca-
ravaggio dipingeva» (Tonatto, Montrucchio 2006: 157).
L'intento era di offrire una percezione più profonda e
completa del dipinto, lasciandone avvertire i significati ce-
lati alla vista.

In realtà questa pratica, niente affatto nuova, veniva
usata sin dall'antichità nei riti e nelle cerimonie religiose,
sempre accompagnate da odori di spezie aromatiche, di
resine e di erbe bruciate. A differenza dell'arredamento olfattivo, che consiste semplicemente nel profumare un luogo chiuso con una fragranza – con l'intento immediato di
indurre a connotare positivamente un luogo per la gradevolezza del suo odore – la scenografia olfattiva ha un carattere dinamico: ricorre cioè ad aromi distinti per profumare le diverse parti di uno stesso ambiente con lo scopo
di evitare l'assuefazione fisiologica, per esercitare invece
effetti più duraturi e scatenare emozioni più intense. La
scelta dei profumi di una scenografia olfattiva dipende poi
dal contesto e dal tipo di pubblico, da ciò che esso si aspetta, ed è importante anche l'intensità dell'odore, che se eccessiva può risultare tutt'altro che gradevole. Teatri, cine-
ma, supermercati, padiglioni di fiere, stazioni ferroviarie,
metropolitane, e ancora reparti di ospedali, concerti di
musica e persino intere città possono essere oggetto di al-
lestimenti olfattivi, attraverso tecnologie brevettate che
consentono di calibrare spazi e tempi per il rilascio delle
fragranze: a effetti specifici nei differenti contesti corrisponde il comune intento di orientare positivamente lo
stato d'animo del pubblico, di migliorare la fruizione del

prodotto o del servizio e di promuovere le pubbliche relazioni. Gli effetti possono essere diversi: accrescere i consumi al supermercato o creare atmosfere piacevoli e rilassate nei reparti di pediatria, stimolare la socialità e il benessere in luoghi di svago come le palestre, stuzzicare l'appetito nei ristoranti o rendere più sofisticata e memorabile l'ospitalità di un hotel. La formidabile componente persuasiva degli odori e la loro efficacia subliminale sugli stati d'animo e sui comportamenti costituiscono l'arma segreta, sottile e invisibile della comunicazione olfattiva. Non v'è da stupirsi, dal momento che persino la natura ci offre esempi di condizionamento subliminale attraverso gli odori: lo si è visto con l'azione silenziosa esercitata dai feromoni sugli individui di una stessa specie. La possibilità di condizionare i potenziali compratori attraverso gli odori percepiti più o meno consapevolmente è il presupposto su cui si basano le scenografie olfattive, facendo leva sull'organizzazione biologica dell'olfatto. Le emozioni e gli stati d'animo suscitati, per esempio, da uno spettacolo in cui viene coinvolto anche il naso possono perdurare per giorni ed essere rievocati nel tempo utilizzando lo stesso profumo. Insomma, non v'è prodotto di consumo che non emani una fragranza in grado di renderlo attraente: così basta un semplice respiro, un'annusata, per capire cosa è meglio acquistare. Questo è oggi il *trend* della comunicazione olfattiva e del suo uso nelle strategie di marketing, un fenomeno tuttavia in controtendenza con il limitato statuto culturale di cui gode l'odore nelle nostre società[3].

[3] Cfr. Cicoria 2003: 35-84; Rossi 2004: 169-188; Miani *et al.* 2008: 105-117; e gli articoli rinvenibili nel sito www.profumo.it.

3

Odori e cognizione

3.1. *L'anosmia dei filosofi*

Una lunga svalutazione filosofica e una scarsa attenzione scientifica hanno etichettato l'olfatto come il senso dell'animalità, il senso carnale e più viscerale, il più inaffidabile dal punto di vista intellettuale, il più emotivo e il più distante dal linguaggio: insomma, l'«angelo decaduto», come lo ha definito H. Keller (1908: 45). Da sempre considerati fonte di conoscenze stabili e necessarie, più cognitivi e più vicini alla ricerca filosofica, la vista e l'udito ci forniscono impressioni centrate sull'oggetto, laddove le sensazioni olfattive, più fugaci e incerte, vengono analizzate in una forma centrata sul soggetto percipiente. Impossibilitato a trasformare ciò che percepisce in un oggetto stabile e circoscrivibile, e quindi condivisibile, l'olfatto resta il senso più 'privato'. L'evanescenza e l'impalpabilità del suo oggetto fanno così dell'atto dell'odorare un'esperienza in cui ci si perde.

Ma la causa decisiva della scarsa considerazione filosofica dell'odorato e della sua svalutazione cognitiva è l'impossibilità di verbalizzare le esperienze olfattive, la difficoltà oggettiva di descrivere un odore e la conseguente povertà del lessico olfattivo, fattori che in un certo senso mettono in crisi l'onnipotenza semantica del linguaggio stesso (cfr. *infra*, §§ 3.5 e 3.6). L'intraducibilità verbale degli odori, la loro evanescenza, il loro continuo additarci il corpo e la nostra provenienza animale ne hanno provocato il misconoscimento anche da parte dei pedagogisti e perfino degli psicoanalisti, per i quali la storia dell'olfatto «nasce sotto il segno della rimozione» (Le Guérer 1998: 267)[1]. Ma se i filosofi, fedeli al culto della ragione astratta e universale e inclini alla svalutazione dei sensi – e più in generale del substrato corporeo ed emozionale, inseparabile tuttavia dall'agire razionale degli esseri umani – non hanno saputo apprezzare le concrete qualità cognitive dell'olfatto, gli scrittori hanno invece sempre celebrato il potere ineffabile degli odori, la loro intensità e soprattutto la loro forza evocativa ed emotiva. Le difficoltà incontrate nel descrivere gli odori paradossalmente fanno dell'olfatto lo strumento più adatto alla narrazione. La sua presenza letteraria è, infatti, ampiamente attestata dall'eloquenza olfattiva di scrittori come Balzac, Baudelaire, Flaubert, Zola, Wilde, D'Annunzio, Proust, Gadda, Nabokov, Calvino, Süskind e altri ancora. «Ma perché», chiede L. Tonatto – uno dei pochi 'nasi' attivi al mondo e anche l'unica donna in Italia – al filosofo Claudio Fontana, «la letteratura ha sempre incrociato il mondo degli odori? Perché la letteratura sì e la filosofia no?». Perché, risponde il filosofo, «c'è un'affinità profonda tra l'olfatto e la scrittura letteraria: la singolarità. Lo scrittore è una sorta di alchimista che mira non tanto alla creazione dell'essenza, ma a distillare le singolarità, che come tali tendono a svanire. Lo stesso accade per gli odori: un miscuglio di singolarità che non divengono mai legge universale e immutabile» (Tonatto, Montrucchio 2006: 12).

Ma l'odorato è anche il senso della conservazione. Ci consente di individuare una minaccia nell'aria o nel cibo

---

[1] Sulla svalutazione dell'olfatto nella psicoanalisi cfr. Le Guérer 1998: 215-268; 2002.

ma anche (privilegio esclusivo degli animali umani) di apprezzare un piatto o una bevanda. Esso ha un ruolo importante nell'intimità, nella categorizzazione sociale e nell'attrazione interpersonale, ha un legame esclusivo con i ricordi e con le emozioni, ed è il senso che inaugura la prima fra tutte le relazioni umane: quella tra madre e figlio. E nonostante la svalutazione filosofica di cui è vittima, nell'immaginario sociale e in molte espressioni colloquiali l'olfatto ha un nesso privilegiato con la conoscenza, è spesso sinonimo di sveltezza cognitiva, di acume intellettuale, di buon senso, di sagacia. L'aggettivo *sagace* deriva dal latino *sagire*, 'fiutare' (soprattutto con riferimento al fine odorato dei cani da caccia), e ancora oggi definisce la persona astuta, ingegnosa, dall'intelligenza pronta. La metafora con cui si designa il cosiddetto 'sesto senso', cioè l'intuizione, la conoscenza immediata, si affida all'espressione *avere naso* o *aver fiuto*, mentre *non vedere al di là del proprio naso* vuol dire avere una mentalità chiusa, ottusa, mancare di intuizione. E se si vuol comprendere una faccenda fino in fondo, bisogna *sbatterci il naso*. Così il fiutare non ha solo stretti legami con l'intelligenza del corpo, con gli appetiti, con la sessualità, con il desiderio: *nasare* significa fiutare, aver sentore, accorgersi, intuire; *sentire puzza di bruciato* equivale a intuire la presenza di un pericolo o di un imbroglio; l'espressione *a lume di naso* significa procedere senza indizi precisi, seguendo il proprio intuito; diciamo di *sentire a naso* qualcosa quando ci accorgiamo subito di essa; *cacciare il naso dappertutto* vuol dire essere curioso; *fiutare un affare* vuol dire saperlo riconoscere. *Solleticare il naso* equivale a stimolare la mente e *camminare con il naso per aria* vuol dire stare con la testa tra le nuvole, essere distratto. Quando nel linguaggio comune applichiamo il verbo *sapere* a oggetti esteriori (come nell'espressione *sa di buono*) sottolineiamo l'intimo legame tra 'sapere', cioè conoscere, avere cognizioni, essere consapevole, aver chiaro nella mente e 'odorare', 'assaporare'. La persona sapiente è quella che sa assaporare, fiu-

131

tare, arguire. Il verbo italiano 'sapere' deriva peraltro dal latino *sapere* con il significato di 'assaporare', 'gustare', 'aver sapore di' ma anche di 'avere odore'.

La storia dell'olfatto misconosciuto comincia con Platone e con la sua condanna morale dei profumi, la cui associazione ai piaceri corporei e alla frivolezza incoraggia l'uomo alla sregolatezza (*Repubblica* 373a e 573a). Come poi farà anche Aristotele, Platone attribuisce agli odori uno statuto ambiguo, giudicandoli negativamente quando sono connessi ai piaceri carnali o possono incoraggiarli, positivamente quando sanno suscitare piaceri estetici, passioni nobili, indipendenti da desideri e connesse alla saggezza. L'imperfezione dell'organo olfattivo e il carattere instabile degli odori stessi, frutto di una trasformazione dei corpi, si riflettono nell'impossibilità di classificarli e di nominarli: «due, quindi, e senza nome sono i gruppi di odori, per il fatto che non sono composti da un numero determinato di specie semplici, ma vengono chiamati nei soli due modi in cui si possono distinguere qui, 'piacevoli' e 'spiacevoli'» (*Timeo* 67a). Aristotele colloca l'olfatto al confine tra, da una parte, la vista e l'udito (i sensi della 'distanza') e, dall'altra parte, il tatto e il gusto (i sensi della 'vicinanza'), attribuendogli uno statuto ambivalente. La vista è un senso intellettuale, l'udito lo è invece accidentalmente, per il suo nesso con il linguaggio; il tatto è il senso più acuto nell'uomo anche rispetto agli altri animali, mentre l'odorato, un senso poco raffinato, è «di molto inferiore a quello degli animali e alle altre nostre sensazioni» (*Del senso e dei sensibili*, d'ora in avanti *DSS*, 441a, 437a, 445a; sul primato della vista cfr. anche *Metafisica* 980a). Aristotele sottolinea poi l'analogia tra odori e sapori e attribuisce al gusto, una forma di tatto con cui giudichiamo la gradevolezza o sgradevolezza di un cibo, una maggiore perspicuità. La mancanza d'identità degli odori rispetto ai sapori e la loro scarsa propensione all'astrazione, unitamente all'uguaglianza dei loro oggetti, spiegano perché in mancanza di un vocabolario olfattivo specifico diamo agli odori nomi appartenenti alla categoria dei sapori: così, l'odore del miele è dolce, quello del timo è pungente (*Dell'anima* 421a-b; *DSS* 443b). L'ambivalenza dell'olfatto nella gerarchia dei sensi si riflette nella distinzione aristotelica di due specie di odori: i primi, comuni all'uomo e gli altri animali e rapportati alla classe dei sapori, sono legati all'alimentazione, essi pertanto sono gradevoli o sgradevoli «per accidente», a seconda del grado di sazietà, e sono tanti quanti sono i sapori; i secondi, invece, specificamente umani, come l'odore dei fiori, e indipendenti da qualsiasi desiderio, sono «gradevoli di per se stessi» e pertanto fonte di piacere puramente estetico. Sicché solo l'uomo trae godimento o sofferenza da un buono o da un cattivo odore, laddove gli animali non si curano dell'odore fetido di per sé, tranne quando questo ha una qualche influenza sul loro gusto o sul loro cibo (*DSS* 443b-445a). Nonostante la svalutazione cognitiva dell'olfatto Aristotele, come Platone, riconosce comunque la raffinatezza di questo senso, la cui funzione nell'uomo va al di là del puro istinto di conservazione e si configura come una fonte di mero godimento.

La denigrazione dell'olfatto nella riflessione filosofica sul ruolo dei sensi ha avuto un seguito fino all'epoca moderna, da Epicuro a Telesio, a Hobbes, a Cartesio, a Kant, a Herder, a Leopardi, a Hegel, per citare solo alcuni esempi (Biscuso 2000; Le Guérer 1998: 159-212). E sebbene, soprattutto tra i filosofi sensisti e/o materialisti e tra i pensatori libertini, non siano mancate le eccezioni, la svalutazione scientifica a partire dall'antichità ha segnato negativamente il destino dell'olfatto. Ma tra i pensatori dell'antichità fa appunto eccezione Lucrezio. Prescindendo da valutazioni etiche, egli riconosce uguale dignità a tutti i sensi, ivi compreso l'odorato, e ne sancisce il primato sulla ragione, indicando in essi una guida indispensabile per la vita. Nella composizione e nella modalità di diffusione dell'odore, nella sua fugacità, ancor più che nell'organo stesso dell'olfatto, Lucrezio individua la causa della sua imprecisione, e nelle caratteristiche fisiche dell'odore stesso riconosce le ragioni della piacevolezza o della spiacevolezza delle sensazioni olfattive e persino la soggettività della sensibilità olfattiva, variabile da un individuo all'altro (*De rerum natura*, lib. IV).

La diffidenza nei confronti dell'olfatto s'intensifica con il Cristianesimo, che condanna i piaceri carnali e tutto ciò che esalta il corpo, accende il desiderio e favorisce la concupiscenza. Ma la passione per gli aromi e per gli incensi trova spazio nei culti e nelle cerimonie sacre: l'odore soave di santità emanato dalla presenza di Gesù, e di cui molti altri santi o mistici hanno dato testimonianza, riscatta il corpo dalla sua presunta corruzione e manifesta un legame privilegiato con l'aldilà. Nel pensiero cristiano «la purezza, la santità o l'armonia – scrive l'antropologo Le Breton – sono simboleggiate da un odore gradevole, soave; il male, il sudiciume, la mancanza di purezza e il disordine emanano odori putridi e repellenti» (2006: 302). Gli odori confermano dunque il rapporto ambiguo tra il pensiero cristiano e la corporeità: per un verso, si rinnega il corpo profumato con tutte le sue tentazioni, per l'altro verso, gli aromi divengono simbolo di purezza – e cospargersi il corpo di profumi equivale a combattere la corruzione e ad aspirare all'immortalità[2].

Nel Cinquecento l'olfatto viene invece rivalutato da Montaigne che, professando una morale mondana, difende una concezione olistica dell'essere umano, una visione entro cui i piaceri spirituali non escludono quelli materiali. Benché siano subordinati alla ragione, i sensi sono il fondamento di ogni conoscenza ma sono anche fonte di godimento: e questo vale pure per l'olfatto. L'iperosmia di Montaigne, il suo apprezzamento dei buoni odori e la convinzione che per conoscere l'umanità bisogna «annusare il più possibile» non troveranno eguali nel Seicento, domi-

---

[2] Sul nesso tra odore e santità rinviamo in particolare a Le Breton 2006: 296-304; Munier 2003: 54-77; Le Guérer 1998: 140-146.

nato dall'astrattismo dei filosofi cartesiani (Montaigne 1580-1595, I e II). Ipersensibile ai buoni odori (e ai godimenti ad essi correlati) e intollerante verso le maleolenze come gli odori corporei, Montaigne sa apprezzare anche gli odori della buona cucina e sa descriverli in modo seducente, anche se si rammarica di non possedere l'arte di aromatizzare i cibi i cui segreti sono noti a «quei cuochi che sanno mescolare odori esotici col sapore delle vivande» (1580-1595: I, cap. LV). Nel Seicento, Cartesio colloca di nuovo l'olfatto in una posizione intermedia: non gli riconosce la raffinatezza dell'udito e della vista, ma lo considera meno grossolano del tatto e del gusto per la sua vicinanza con il cervello, di cui costituirebbe un prolungamento (1664). Le informazioni fornite dai sensi, ivi incluse quelle olfattive, non servono a farci conoscere la vera essenza delle cose ma soltanto a mantenere in vita il corpo e a informarci su ciò che è utile o dannoso. Il vero va ricercato pertanto attraverso un'indagine del pensiero che vada al di là di ciò che appare ai sensi (1641, *Seconda meditazione*: 677). Il pensiero spiritualista del XVII secolo, fondato sulla netta separazione tra spirito e corpo, accentuerà la denigrazione dei sensi: e i piaceri olfattivi, indebolendo l'anima e inducendola alla concupiscenza, continueranno ad essere oggetto di condanna e di repressione (Le Guérer 1998: 177-179).

Nel secolo dell'Illuminismo, l'olfatto va incontro a una generale rivalutazione, soprattutto con i filosofi sensisti e materialisti. Il primato della corporeità, fonte di tutte le conoscenze razionali, e l'importanza della sensibilità implicano il ribaltamento della classica gerarchia dei sensi: così il tatto, quello che ci fa accedere al mondo esterno, diventa il senso più concreto, il «più filosofico» (Diderot 1751), e prende il primato che era della vista. Condillac, nel *Trattato delle sensazioni* (1754), raffigura questo progetto di riabilitazione attraverso il noto esperimento mentale della statua, il cui schema era già stato proposto da Diderot che lo definiva un esperimento di «anatomia metafisica» (1751): privandola dapprima di tutti i sensi e quindi di qualsiasi idea, egli immagina di animare la statua fornendole progressivamente uno alla volta i cinque sensi. Per dimostrare come tutte le nostre conoscenze e tutte le nostre facoltà derivino dalle sensazioni, Condillac inizia proprio con l'olfatto, motivando polemicamente la sua scelta: «Credemmo di dover cominciare con l'odorato, perché fra tutti i sensi è quello che sembra contribuire di meno alle conoscenze dello spirito umano. Gli altri furono oggetto delle nostre ricerche in seguito» (1754: 341). L'olfatto contribuisce alla formazione delle conoscenze e allo sviluppo delle facoltà dell'anima non meno degli altri sensi (verità innegabile se pensiamo all'uso che ne fanno per esempio i ciechi o i cieco-sordi – cfr. *supra*, § 1.6), con l'unica eccezione per il tatto, «perché il tatto è quello che istruisce gli altri sensi» (ivi: 541). La statua, avendo a disposizione solo l'odorato, entrerà gradualmente in possesso di tutte le facoltà cognitive: «dobbiamo concludere che con un solo senso l'intelligenza ha tante facoltà quante ne ha con i cinque sensi riuniti» (ivi: 380).

Il grande naturalista e filosofo settecentesco Buffon indica nel naso l'organo privilegiato degli animali, il primo a determinarne e a dirigerne i movimenti e ad assicurare, assieme al gusto, la soddisfazione dei loro appetiti. Nell'uomo, dedito alla conoscenza più che al desiderio, l'olfatto torna a occupare l'ultimo gradino di una gerarchia dei sensi che vede al primo posto il tatto, seguito dal gusto, dalla vista e dall'udito (1753, *Histoire naturelle des animaux*, citato in Le Guérer 1998: 182-183). Ispirandosi soprattutto alle idee di Buffon, oltre che a Condillac, Rousseau distingue una forma primitiva di olfatto, istintivo e con funzioni utilitariste legate alla sopravvivenza, comune agli animali e ai selvaggi, e una più raffinata, risultato del sopravvento della ragione sull'istinto e dell'evoluzione dei costumi. Diminuendo in acutezza, il naso umano ne guadagna in raffinatezza e diventa il senso privilegiato della *rêverie* diurna e dell'immaginazione, un'attività specificamente umana legata all'affettività e grazie alla quale gli odori diventano fonte di godimento estetico: «gli odori per se stessi sono sensazioni deboli; essi scuotono più l'immaginazione che il senso, e non colpiscono tanto per ciò che danno quanto per quello che fanno attendere» (1762: 186). Rousseau non nega che l'odorato possa essere perfezionato dall'esercizio, ma questo non sarebbe di grande utilità per l'uomo se non per i suoi rapporti con il gusto, che la natura ha reso inseparabile dall'olfatto. Nel contesto della vita sociale l'odorato, confondendosi con l'immaginazione, «ha nell'amore effetti notevolissimi» e diventa così il senso della seduzione e dell'affettività. Il nesso con l'immaginazione si riflette anche sulle differenze qualitative delle tendenze olfattive: le donne, dotate di un'immaginazione alquanto spiccata, sono molto più olfattive, i bambini, invece, non avendo ancora sviluppato tale facoltà, non sono in grado di esprimere giudizi edonistici, di mostrare cioè preferenze e avversioni (ivi: 186-187). Anche il medico-filosofo Cabanis coglie la relazione esistente tra l'olfatto, la seduzione e l'immaginazione, interessandosi tuttavia soprattutto agli aspetti fisiologici del legame tra l'olfatto e la sessualità. E nel sottolineare che l'odorato ha rapporti intimi con diversi organi, un secolo prima di Fliess – osserva Corbin (1982: 200) –, egli sottolinea il nesso funzionale tra la membrana olfattiva e gli organi sessuali, un fenomeno che avrebbe suscitato, qualche secolo più tardi, non poche polemiche. Con Cabanis, l'odorato diventa poi il senso della simpatia e dell'antipatia, esercitata attraverso gli odori corporei propri di ciascuna specie e ancor più di ciascun individuo (1802).

Nella seconda metà del Settecento la riabilitazione dell'olfatto lascia quasi indifferenti filosofi come Reid, Herder e soprattutto Kant. Nel saggio dedicato alla *Ricerca sulla mente umana* (1764), Reid inizia la sua analisi delle operazioni dell'intelletto umano proprio dall'olfatto, il meno nobile e il «più semplice» dei sensi (ivi: 113), e rileva la difficoltà di classificare gli odori, sottolineando altresì la povertà e l'approssimazione del lessico olfattivo: «le sensazioni olfattive e quelle del gusto ammettono indubbiamente una immensa varietà di modificazioni, inesprimibili in qualsiasi lingua» (ivi: 138). I nomi che usiamo per riferirci agli odori sono infatti o nomi particolari che rinviano agli oggetti (alla fonte) da cui emanano (come l'odore di rosa o di gelsomino) o nomi che rinviano ad altre sensazioni come i sapori (odore dolce e rancido si riferiscono al gusto) o ancora nomi la cui vaghezza e genericità rinviano non tanto a generi e specie distinte, quanto piuttosto alle sensazioni piacevoli o spiacevoli che gli odori ci suscitano (ivi: 113-115). Anche per Herder, come per Condillac, il tatto rimane il «senso fondamentale» (1784-1791: 185), mentre l'olfatto, insieme al gusto, viene considerato un senso cognitivamente inferiore: la sua debolezza, collegata nell'uomo all'assunzione della stazione eretta, ha permesso l'emancipazione dagli istinti che lo portano ad annusare verso il basso, alla ricerca di fonti appetibili (1772: 83, 111).

Ma tra i filosofi più anosmici il primato spetta indubbiamente a Kant, che nell'*Antropologia dal punto di vista pragmatico* (1798: 575-580) rileva la natura voluttuosa, frivola e soprattutto soggettiva dell'olfatto, un senso «ingrato» (ivi: 575) che informa la nostra coscienza più che sull'oggetto sul nostro modo di sentirlo attraverso l'organo, dandoci una rappresentazione degli oggetti esterni che «è più di godimento che di conoscenza» (*ibid.*): ciò lo rende inadatto al sapere e quindi superfluo. Kant non ignora tuttavia l'utilità di questo senso, che ci impedisce di respirare miasmi nocivi o di consumare cibi avariati. La tendenza a considerare la marginalizzazione dell'olfatto inversamente proporzionale, per così dire, alla crescita culturale dell'umanità raggiungerà il suo apice con Freud, il quale, come s'è già detto (§ 2.6), nella rimozione del piacere olfattivo e nella conseguente nascita della famiglia addita uno dei primi passi del processo di civilizzazione. Pur affermando, com'è noto, il primato della 'volontà', ovvero del corpo, sulla ragione, già Schopenhauer eredita da Kant il disprezzo per l'olfatto, considerandolo, insieme al gusto, uno dei sensi più carnali e contrapponendolo ai sensi più intellettuali – la vista in primo luogo e l'udito, il senso della ragione creativa. Questo però non impedisce a Schopenhauer di considerare l'olfatto il testimone del passato e di attribuirgli quindi la capacità di riaccendere i ricordi (1819, vol. I: 157; vol. II: 175).

Il nesso tra l'olfatto e la memoria e il carattere soggettivo dei ricordi olfattivi sono sottolineati anche da Bergson, che nel nome attribuito a un odore e nella sua condivisione vede tuttavia la spersonalizzazione di tale esperienza (1889: 107). Bergson rileva peraltro il carattere utilitario dei nostri sensi, delegati non tanto a farci conoscere gli oggetti materiali, quanto a informarci su quelle cose che per noi possono essere utili o dannose: «essi non sono orientati verso la scienza, bensì verso la vita» (1895: 361). Sulla scia di Kant, ma con un approccio sociologico, Simmel denuncia il carattere antisociale dell'odorato (il «senso dissociante»), al punto da considerare la questione sociale come una questione olfattiva oltre che morale (1908: 557-558). Radicate nella soggettività, le impressioni olfattive sono scarsamente comunicabili perché mancano di un lessico specifico e hanno quindi un ridotto valore cognitivo:

L'olfatto non forma di per sé un oggetto, come fanno la vista e l'udito, ma rimane per così dire rinchiuso nel soggetto: ciò è simboleggiato nel fatto che per indicare le sue differenze non esistono espressioni autonome, capaci di designarle in modo oggettivo. Quando noi diciamo che qualcuno ha un odore acido, ciò significa soltanto che ha un odore proprio di qualcosa che ha un sapore acido. In misura del tutto diversa rispetto alle sensazioni degli altri due sensi, quelle dell'olfatto si sottraggono alla descrizione mediante parole, non sono proiettabili sul piano dell'astrazione (ivi: 556-557).

Grazie a Fourier – che, scrive De Martino (1997: 86), «sogna di fare degli aromi una vera scienza delle corrispondenze universali più sottili» –, a Feuerbach (che lo elegge a senso spirituale e intellettuale: Le Guérer 1998: 196) e soprattutto a Nietzsche, nell'Ottocento si assiste a una vera e propria riabilitazione del naso. Nel contesto della sua critica spietata della religione cristiana e della filosofia idealista, Nietzsche riscatta l'odorato dalla condizione di senso inferiore, deputato alla mera sopravvivenza, e lo solleva al rango di 'sesto senso', organo della conoscenza immediata:

Questo naso, per esempio, del quale nessun filosofo ancora ha parlato con rispetto e gratitudine è addirittura, talvolta, lo strumento più delicato di cui disponiamo: è capace di rilevare anche differenze di movimento minime, che lo stesso spettroscopio non rileva. Noi oggi possediamo scienza esattamente nella misura in cui ci siamo rivolti ad accettare la testimonianza dei sensi (1888a: 427).

Paladino della corporeità e della conoscenza intuitiva, Nietzsche non esita ad affermare: «il mio genio è nel mio naso» (1888b: 128), celebrando così la perspicacia che fa del fiutare uno strumento di conoscenza psicologica capace di penetrare nell'anima delle persone e delle cose. L'elogio nietzschiano dell'olfatto non ha avuto tuttavia un grande seguito. La fenomenologia classica non se ne occupa, ed è indicativo che Merleau-Ponty nella *Fenomenologia della percezione* (1945) non vi faccia alcun accenno. Ma con Bachelard gli odori tornano ad essere rivalutati per la loro straordinaria capacità di pervadere la memoria e di evocare i ricordi. Bachelard esalta il potenziale immaginario dell'olfatto e ne fa il senso della *rêverie*, un'attività che permette l'armonizzazione dei sensi, indispensabile per lo sviluppo dell'intelligenza. Quanto più forte è la capacità di immaginazione olfattiva, tanto più sarà possibile penetrare nei ricordi del passato: «[...] i ricordi degli odori di un tempo [...]. Perdendosi in una *rêverie* tranquilla si ritrovano. Nel passato come nel presente, un odore amato è il centro di un'intimità» (1960: 148).

Anche la cultura contemporanea, soprattutto nella tradizione occidentale, conferma la diffidenza verso l'olfatto e il primato della vista. Nell'ambito dell'attuale filosofia della mente, e soprattutto all'interno della riflessione sulla coscienza, le sensazioni olfattive rientrano, per il loro carattere fortemente soggettivo, nel dibattito sullo statuto dei *qualia*. Gli stati percettivi – degustare un vino, annusare il profumo delicato di una rosa, ammirare un tramonto – sono esperienze che, oltre ad essere dotate di un contenuto oggettivo (pubblicamente accessibile) ovvero di una rappresentazione mentale, sono di solito scortate da sensazioni soggettive e talora anche da adesioni emotive che danno un'impronta qualitativa all'esperienza. Di qui il termine *qualia*: che per l'appunto definisce comunemente le qualità soggettive delle singole esperienze coscienti, le qualità soggettive ed estremamente specifiche dei nostri stati mentali. Alcuni cognitivisti più radicali (riduzionisti/funzionalisti), come per esempio D. Dennett (1988), giudicano queste qualità mere apparenze, esperienze assolutamente 'private', descrivibili solo dalla persona che immediatamente le prova e perciò prive di interesse scientifico. Ma altri studiosi, come per esempio J. Searle (2004), ammettono la presenza di una sensazione qualitativa particolare in ogni esperienza cosciente e ritengono perciò che la categoria dei *qualia* possa abbracciare la totalità dei fenomeni coscienti. In termini più generali, la questione dei *qualia* solleva essenzialmente due ordini di problemi dibattuti da riduzionisti (monisti) e antiriduzionisti (dualisti): quello relativo al rapporto esistente tra stati qualitativi e stati fisici e quello riguardante il nesso fra proprietà qualitative e proprietà intenzionali. In entrambi i casi il problema si pone in termini di riducibilità o di sopravvenienza. Già note a Galilei (1623), le difficoltà inerenti alla distinzione tra qualità oggettive o primarie (forma, dimensione) e qualità soggettive o secondarie (come appunto gli odori, i colori, i gusti e i suoni) approdano spesso alla negazione dello statuto ontologico delle qualità soggettive – prive di un'esistenza reale e inaccessibili alla conoscenza oggettiva – e coinvolgono dunque anche le esperienze olfattive.

3.2. Percepire e classificare gli odori

Anche in ambito scientifico, l'olfatto umano non ha ricevuto un buon trattamento: la ricerca fisiologica, e quella psicologica in particolare, lo ha considerato un senso minore. Il primo studio scientificamente fondato risale a poco più di un secolo fa e si deve al fisiologo olandese H. Zwaardemaker (1895) (Boring 1942, citato in Engen 1982: 22). Ancora oggi gli studi psicologici, neurofisiologici e soprattutto quelli condotti nell'ambito delle scienze cognitive e linguistiche vedono nell'olfatto un senso cognitivamente inferiore e dunque non degno di grande interesse[3]; e solo pochi ricercatori si occupano dell'olfatto. Nelle esigue ricerche che s'inscrivono in una prospettiva cognitiva e che sono applicate a soggetti adulti e, in misura minore, ai neonati e ai bambini si possono individuare due diversi approcci: l'uno è orientato allo studio delle funzioni cognitive del sistema olfattivo (sensibilità, riconoscimento, preferenze, memoria, rappresentazione e categorizzazione) e al loro sviluppo in rapporto all'esperienza e all'acquisizione del linguaggio; l'altro è volto all'analisi del modo in cui le conoscenze olfattive vengono concretamente utilizzate nella regolazione dei comportamenti (in particolare di quelli socio-emozionali) e alle numerose funzioni dell'odorato nel corso dello sviluppo ontogenetico (Schaal 1997: 6-

---

[3] Nel panorama delle scienze cognitive non manca qualche eccezione: il neuroscienziato W.J. Freeman, basandosi sui recenti sviluppi tecnici delle neuroimmagini e sulle teorie del caos e della dinamica non lineare, tenta di mostrare come il cervello – sistema auto-organizzante – crea intenzioni e significati a partire da un'attenzione privilegiata per il comportamento del sistema olfattivo dei mammiferi, e considera l'olfatto il prototipo della memoria cognitiva (1999: 26-27).

7). Si tratta, come vedremo, di studi che proiettano nel dominio olfattivo il modello delle ricerche già elaborate nel dominio visivo e visivo-verbale, per sottolinearne la singolarità appunto attraverso un confronto con le analoghe *performances* della modalità visiva. La percezione è un'attività cognitiva di primaria importanza: sono infatti i sensi a fornirci quelle conoscenze 'incarnate' che ci rendono il mondo intelligibile. E perciò da sempre filosofi, psicologi, fisiologi e fisici hanno tentato di comprenderne i complessi meccanismi e di indagarne l'eventuale funzione epistemologica. Spiritualista *sui generis*, Bergson riteneva che «il nostro corpo, con le sensazioni che riceve da un lato, e i movimenti che è capace di eseguire dall'altro, è, dunque, proprio ciò che fissa il nostro spirito, ciò che gli dà la zavorra e l'equilibrio. [...] Queste sensazioni e questi movimenti condizionano ciò che si potrebbe chiamare l'*attenzione alla vita*» (1896: 311-312). Anche Merleau-Ponty affermava che «tutto il sapere si installa negli orizzonti aperti dalla percezione» (1945: 283). E «'sento, dunque sono' – per l'antropologo sensoriale Le Breton – è un modo diverso per affermare che la condizione umana non è totalmente spirituale, ma anzitutto corporea» (2006: XI).

Ma l'attenzione scientifica alla percezione in quanto 'intelligenza del corpo', ignorando o svalutando le modalità chimiche della conoscenza, si è concentrata e continua a concentrarsi sulla vista (quasi unanimemente riconosciuta come il senso cognitivamente più importante per l'animale umano) e sull'udito, soprattutto per il nesso privilegiato con il linguaggio. L'olfatto viene così emarginato tanto dalla ricerca scientifica quanto dall'esperienza quotidiana: da bambini c'insegnano a discriminare forme, colori, dimensioni, suoni, peso, consistenza degli oggetti che colpiscono i nostri sensi, ma scarsa attenzione è rivolta all'educazione dell'olfatto. In epoca moderna, la tradizionale supremazia della vista e dell'udito tende sempre più a rafforzarsi e a delegittimare tutti gli altri sensi. Il progresso dell'evoluzione ha accentuato l'importanza dei sensi co-

143

siddetti di 'lontananza' (udito e vista), espressioni di una civiltà intellettualmente molto evoluta, rispetto ai sensi cosiddetti di 'prossimità' (l'odorato, il gusto, un po' meno il tatto) caratteristici invece di una conoscenza più diretta, più partecipativa come quella degli animali o dei bambini che esplorano e conoscono gli oggetti annusandoli o portandoli alla bocca: perciò all'olfatto umano è stata assegnata una funzione sempre più accessoria e dunque meno essenziale di quella che un tempo gli era riconosciuta. Contrariamente a quanto accade per gli stimoli consapevoli prodotti dai sensi nobili, le sensazioni olfattive sembrano non accendere la nostra coscienza: se ci può essere qualche persona incapace di percepire bene le diverse sfumature cromatiche o i diversi timbri sonori, la maggior parte delle persone non sa distinguere bene i diversi odori, soprattutto a causa dello scarso esercizio di questa sensibilità. Il fatto di non prestarvi molta attenzione cosciente non prova però la funzione marginale della percezione olfattiva nella vita quotidiana, né tanto meno la sua irrilevanza nei nostri comportamenti. Infatti, oltre a essere un senso prossimale, l'odorato è anche un senso della 'distanza' e precede la vista sia nello sviluppo ontogenetico sia in quello filogenetico; come l'udito, esso sa localizzare gli stimoli, pur essendo poco esercitato all'orientamento spaziale. E il modo con cui il naso tratta l'informazione che lo riguarda non è meno complesso di quello osservabile nei sensi più intellettuali (Beguin, Costermans 1994; Bekesy 1964). Inoltre, l'olfatto riveste una funzione fondamentale nella nostra vita relazionale e nella creazione dei ricordi ed è, come s'è già detto, un'efficace modalità di comunicazione non verbale.

Un tratto saliente della percezione olfattiva risiede nell'apprezzamento del valore 'estetico' degli odori e nel fatto di giudicarli anzitutto in termini di gradevolezza e di sgradevolezza. Com'è noto, la dimensione estetica è esclusiva dell'animale umano, l'unico fra tutte le specie viventi soggetto alla dialettica del gusto e del disgusto. A differenza di altre modalità percettive, le sensazioni olfattive non sono facilmente misurabili, hanno un carattere variabile in rapporto ai soggetti (esistono, per esempio, anosmie specifiche per certi odori, comparabili al daltonismo visivo) e sono causate da un gran numero di sostanze di diversa natura. Accade così che il valore soglia di una certa sostanza, quella per esempio che determina il profumo di limone, in alcune persone sia 4000 volte superiore al valore di altre sostanze: e non si sa ancora se le variazioni interindividuali abbiano un carattere sistematico. Ma le capacità olfattive sono suscettibili anche di variazioni intraindividuali: una persona che un giorno avverte perfettamente l'odore di una sostanza, un altro giorno magari può farlo solo in presenza di una concentrazione più alta e viceversa. L'abitudine olfattiva, l'età, il sesso e, in una certa misura, anche fattori più latamente geografici e culturali influenzano la sensibilità agli odori. Una ricerca condotta per conto della National Geographic Society su oltre un milione di soggetti appartenenti ai cinque continenti ha dimostrato come la capacità d'individuazione della presenza di un odore possa variare da un Paese all'altro (Gilbert, Wysocki 1987, citato in Rouby, Sicard 1997: 65; Vroon *et al.* 1994: 67; Brand 2001: 57-62). Insomma, l'odorato è in larga misura imprevedibile.

Un altro problema è l'adattamento sensoriale che, nel caso dell'olfatto, può essere completo. Così, esposizioni successive allo stesso odorante, soprattutto se prolungate, daranno percezioni differenti. Per ottenere le stesse risposte in presenza degli stessi stimoli bisogna infatti adottare certe precauzioni e, in particolare, limitare le annusate a pochi secondi (non oltre cinque, consiglia il profumiere E. Roudnitska 1980) e distanziarle per evitare il fenomeno dell'adattamento, anche se in questo caso si rischia l'oblio del referente: una ricerca ha dimostrato che, presentando uno stesso stimolo a distanza di un minuto dal primo stimolo, il secondo viene giudicato più intenso del primo dal 60% dei soggetti (Barker, Weaver 1983, citato in Rouby,

145

Sicard 1997: 64-65). Un tratto peculiare della percezione olfattiva è poi la sua asinesteticità ovvero la sua relativa autonomia percettiva. Benché cooperi con il gusto per valutare il sapore e la commestibilità degli alimenti e benché svolga un ruolo decisivo in quell'attività polisensoriale che è la degustazione di un vino o di un piatto (esercitandosi a esprimere ciò che sembra inesprimibile), l'olfatto funziona bene anche in condizioni di isolamento e, d'altra parte, l'eterogeneità tra la concretezza spaziale degli oggetti visivi e l'aerea evanescenza degli oggetti olfattivi (sostanze chimiche composte dalla mescolanza di numerosi tipi di molecole) lo rende invece scarsamente sinergico con la vista. Questa relativa autonomia dell'olfatto non favorisce l'oggettività delle sue conoscenze, contrariamente a quanto accade per l'esperienza visiva che nel tatto trova il suo naturale completamento: quando i polpastrelli rilevano i contorni già precisamente tracciati dall'occhio, l'immagine visiva s'impone al soggetto percipiente come un dato oggettivo.

Prigionieri delle sensazioni, gli odori hanno poi una durata limitata che certamente non ne favorisce la pronta individuazione, perché il soggetto, di fronte a un odore di debole intensità, non ne riconosce facilmente la fonte. I contorni spaziali degli odori sono indecisi e mobili e oltrepassano lo spazio occupato dagli oggetti liquidi o solidi da cui sono emanati, e anche ciò contribuisce a complicare la ricerca sperimentale e la valutazione oggettiva delle esperienze olfattive (Holley 1999: 123-126). Le ricerche sulla percezione degli odori si inscrivono in genere nell'ambito della psicofisica classica, diversamente da quelle riguardanti la loro codifica mnemonica, il loro riconoscimento e la loro categorizzazione, riconducibili piuttosto all'ambito della psicologia cognitiva e in particolare della linguistica e della psicolinguistica. La psicofisica dell'olfatto cerca di misurarne e di descriverne le sensazioni sia in termini quantitativi (guardando all'intensità percettiva in rapporto alla concentrazione della sostanza odorosa rilevata attraverso gli olfattometri[4]), sia in termini qualitativi, attraverso la classificazione degli odori, sia ancora in termini edonistici. La vastità e la varietà del mondo degli aromi – si stima che esistano all'incirca 400.000 sostanze odorose (Hamauzu 1969, citato in Engen 1982: 26) – ne richiedono anzitutto il raggruppamento in un numero ristretto di classi o di generi, sulla base di affinità chimiche o fisiche o delle impressioni olfattive: di qui l'esigenza di una terminologia condivisibile soprattutto in certi ambiti specialistici come la botanica, la profumeria, l'enologia o la degustazione. Al problema della classificazione degli odori è stato dedicato un numero di ricerche che non trova uguale per nessun'altra modalità sensoriale (Engen 1982: 26).

Il principio su cui in genere si basa la catalogazione degli odori è l'individuazione di categorie primarie o fondamentali a partire dalle quali organizzare tutte le sensazioni olfattive. Con una procedura analoga a quella della classificazione dei colori (definiti mescolando le lunghezze d'onda così da ottenere tutte le possibili colorazioni dello spettro visivo), si è tentato di capire se esistono categorie

---

[4] L'olfattometro è uno strumento costituito da un sistema di tubi di vetro e di gomma e di ampolle a pressione che consente di controllare in modo quanto più accurato possibile la quantità di stimolo odoroso da somministrare a ogni narice, permettendone anche la singola stimolazione, utile negli studi incentrati sulla lateralità. Gli esperimenti sulla percezione degli odori comportano comunque anche difficoltà di natura tecnica legate all'ambiente in cui si realizza l'esperimento, dal momento che l'olfattometro al suo interno deve essere e deve rimanere inodore. Per lo studio della percezione olfattiva e del suo trattamento cognitivo si ricorre tuttavia anche ad altre tecniche simili a quelle utilizzate per altre modalità sensoriali, come le tecniche psicofisiologiche ed elettrofisiologiche, grazie alle quali è possibile registrare le alterazioni di alcuni parametri quali la frequenza cardiaca, l'attività elettrica del cervello o i potenziali evocati, in presenza di uno stimolo olfattivo; ed è possibile registrare altresì la reattività del soggetto a un odore anche prescindendo dalla sua percezione cosciente. Anche in tutti questi casi permane il problema di effettuare la sperimentazione in un ambiente inodore (Vroon *et al.* 1994: 19, 56; Brand 2001: 56; Engen 1982: 52-56).

olfattive come 'floreale' o 'etereo', simili alle categorie cromatiche quali, per esempio, 'blu' o 'rosso': ma nel caso degli odori i correlati fisio-chimici non sono isolabili così facilmente come in quello dei colori o dei suoni (cfr. *supra*, § 1.5). E, comparata a quella dei colori o dei gusti, la classificazione degli odori si presenta molto più complessa sia per la loro immensa varietà, sia per la difficoltà a denominarli. Se già Aristotele individuò sei varietà (odori dolci, acidi, austeri, grassi, acerbi, fetidi), nel 1756 il celebre botanico Linneo distinse, a un primo livello, sette classi sulla base delle impressioni olfattive, cioè delle similitudini sensoriali, in un ordine decrescente dal più piacevole al meno piacevole: aromatico (alloro, garofano), fragrante (giglio, gelsomino), ambrosiaco (ambra, muschio), agliaceo (aglio), fetido o caprino (capra, valeriana), puzzolente o velenoso (piante solanacee, alcuni insetti), nauseabondo (piante putride, carne in putrefazione). A un secondo livello, Linneo individuò tre classi sulla base delle caratteristiche edonistiche: odori assolutamente gradevoli (aromatico, fragrante); odori assolutamente sgradevoli (puzzolente, nauseabondo); odori relativamente gradevoli o sgradevoli (ambrosiaco, fetido). Agliaceo è l'unica classe che non compare in questa seconda suddivisione. Le categorie di Linneo furono poi ampliate. Nel 1925, il fisiologo olandese Zwaardemaker, vi aggiunse altre due varietà: quella degli odori empireumatici (caffè, pane tostato, fumo di tabacco, catrame, benzina, naftalina) e quella degli odori eterei (acetone, cloroformio, etere). Egli fu il primo a ipotizzare la possibilità di una *compensazione olfattiva*, cioè di una neutralizzazione reciproca di due odori differenti che, mescolandosi, s'indebolirebbero piuttosto che intensificarsi – fenomeno verificabile anche nell'inalazione a narici separate di due odori (Engen 1982: 27). Ma la classificazione più nota si basa sull'idea di 'spazio olfattivo' enunciata da H. Henning (1916, perfezionata nel 1924), che consiste in una distribuzione geometrica degli odori fondamentali nei sei angoli di un prisma a base triangolare (fragrante, putrido, fruttato, piccante, bruciato, resinoso) e in una disseminazione di tutti i possibili odori sulle diverse facce del prisma. Nel XX secolo i tentativi di classificazione si sono comunque basati sulla ricerca di corrispondenze tra odori primari, dotati di determinate caratteristiche molecolari, e tipi differenti di recettori biologici alloggiati nella mucosa. Tale è la classificazione stereochimica proposta, nel 1963, da Amoore (cfr. *supra*, § 1.5), che distingue, appunto in base alla forma delle molecole, sette gruppi primari di odoranti: floreale, etereo, mentolato, muschiato, canforato, putrido, piccante.

Molto più articolate sono le classificazioni realizzate da o per i profumieri. Tra le più usate nell'ambito della profumeria e dell'aromaterapia vi è quella del chimico e profumiere M. Billot (1962, citato in De Martino 1997: 44-45). Essa comprende otto classi (ciascuna delle quali include da due a dieci sottoclassi): floreale, balsamica, fruttata, empireumatica, commestibile, legnosa, agreste, repellente. Nel 1984 la Société Française des Parfumeurs, per iniziativa di J. Kerléo, creatore di profumi presso la *maison* Jean Patou, ha stilato la prima classificazione dei profumi (costantemente aggiornata) in sette grandi famiglie sulla base dei principali accordi tra le loro note compositive: floreali, esperidati o agrumati, cipriati, legnosi, ambrati, *fougère* e cuoio. La somiglianza con le fonti degli odori è il criterio più ricorrente nelle schematizzazioni, che tendono a rappresentare in modo arbitrario le impressioni olfattive. Ma nessuno degli schemi di classificazione proposti da botanici, profumieri, chimici e psicologi ha mai riscosso un consenso universale: diversamente dai suoni, dai colori e dai sapori, gli odori (peraltro difficilmente ordinabili anche sul piano terminologico: *infra*, §§ 3.5 e 3.6) sembrano infatti sfuggire alle catalogazioni razionali e scientificamente garantite[5]. Ma quali sono le pe-

[5] Per questi e altri esempi di classificazione cfr. Chastrette 2002; Harper *et al.* 1968.

culiarità della percezione olfattiva? Si tratta di un processo complesso che coinvolge meccanismi cognitivi molteplici: dall'individuazione all'identificazione, fino alla rappresentazione mentale, operazioni che richiedono l'attenzione selettiva e l'esercizio della memoria. E appunto la funzione della memoria si rivela indispensabile e inseparabile dalla percezione: perché, assicurando la conservazione di una parte delle sensazioni vissute, essa consente il riconoscimento e l'identificazione degli odori (*infra*, § 3.4). Riconoscere un odore significa anzitutto rappresentarselo e dunque averlo già respirato: il cervello profumato è in grado di sentire solo ciò che si aspetta di sentire. La percezione attuale, afferma Bergson, acquista un senso solo se le vanno incontro i ricordi dello stesso tipo: «in realtà non c'è percezione che non sia impregnata di ricordi [...] che la completano, interpretandola» 1896: 183, 276).

Operazione cognitiva tutt'altro che semplice, l'identificazione di un odore muove dal confronto della percezione attuale con le impressioni consimili ed esige poi una classificazione in rapporto alle categorie della memoria semantica e soprattutto del linguaggio. Diversi esperimenti dimostrano che gli esseri umani hanno un olfatto piuttosto acuto, capace di captare (di individuare più o meno consapevolmente) anche un semplice indizio d'odore: di qui l'alta percentuale di quei 'falsi allarmi' ovvero di quelle 'illusioni olfattive' che inducono talvolta a sospettare la presenza di olezzi di fatto inesistenti. Al riguardo, va ricordato l'esperimento in cui Engen verificava la facilità con cui i soggetti rispondevano della presenza o dell'assenza degli odori e la parallela difficoltà con cui essi li distinguevano e li nominavano (1972, citato in Engen 1982: 156-157). Identificare un odore, distinguerlo cioè qualitativamente da un altro, è nell'uomo un'attitudine piuttosto limitata quando la sostanza odorosa da riconoscere viene presentata singolarmente; tale attitudine è invece più pronta nei compiti di comparazione o di scelta multipla, dove si tratta di distinguere odoranti presentati contemporaneamente, e nel caso di odoranti familiari o di odoranti sui quali vengono forniti suggerimenti al fine di ricordarne il nome (cfr. *infra*, § 3.4). Gli anziani sono meno abili dei giovani nell'identificare gli odori, ma sembra che questo non dipenda preferenzialmente né da una riduzione dell'acutezza sensoriale (a livello periferico) né da un palese deficit cognitivo (a livello di processi centrali): sicché il problema dell'incidenza dei processi di basso livello e di quelli semantico-cognitivi (o di alto livello) nell'esperienza globale dell'identificazione degli odori resta aperto. Le prestazioni in genere migliorano se invece si chiede ai soggetti di discriminare e di denominare un odore a partire da una scelta multipla (per esempio, fornire i termini degli odori favorisce sensibilmente la loro identificazione) e possono variare comunque secondo le caratteristiche dei campioni di odori prescelti, della loro familiarità e del grado di precisione richiesto nelle risposte (Zucco 1988: 49-51; Richardson, Zucco 1989; Rouby, Sicard 1997; Brand 2001: 63-64 e le ricerche ivi citate).

Un altro problema è, come s'è accennato, la difficoltà di denominare adeguatamente gli odori (anche familiari) e la conseguente tendenza a usare un lessico analogico, povero e idiosincratico (per esempio 'odore di un vecchio libro sporco': cfr. l'esperimento di Engen 1982: 108-109). Numerose ricerche attribuiscono questa difficoltà all'insufficienza con cui il linguaggio verbale tratta l'informazione olfattiva. Da una parte, il linguaggio ordinario (soprattutto nelle società occidentali: *infra*, § 3.5) assume raramente gli odori come l'oggetto di conversazioni non funzionali; dall'altra, la verbalizzazione dell'esperienza olfattiva sembra essere biologicamente limitata, perché il cervello profumato acquisisce le informazioni entro processi più emotivi che cognitivi e comunque tali da funzionare in larga parte indipendentemente dai centri di elaborazione del linguaggio (sull'identificazione degli odori torneremo nel § 3.4). Quanto poi alla natura delle immagini mentali degli odori, va detto che esse – al pari delle immagini mentali di altre entità immateriali come i suoni – implicano ovviamente l'analisi del loro contenuto cognitivo: anche qui si tratta di analizzare le impressioni di piacere o di dispiacere sulla base di fattori riducibili non solo alle differenze d'intensità ma anche alle esperienze olfattive interindividuali e intraindividuali. Così un odore può essere piacevole o spiacevole per ognuno in modi variabili, perché è collegato a ricordi belli o brutti, oppure è sconveniente e la sua presenza crea una certa agitazione, o ancora perché si tratta di un odore ripugnante e nauseabondo in sé (Holley 1999: 122-125). Benché dunque le proprietà fisio-chimiche degli odori siano ancora sfuggenti e ne rendano difficile la classificazione e l'identificazione sicura, esistono tuttavia ambiti in cui, come vedremo, si può riconoscere all'odorato una certa oggettività, sì da condividere una certa 'regola' nella loro percezione e nella loro categorizzazione degli odori: tali sono, per esempio, gli ambiti professionali in cui (come nelle attività del creatore di profumi, dell'enologo o del degustatore) si esercita l'*expertise* olfattiva a fini classificatori.

Una prova della rilevanza cognitiva dell'olfatto emerge altresì da uno studio recentissimo di un gruppo di ricercatori dell'Università di Padova (Tubaldi *et al.* 2008): a smentita del suo carattere 'primitivo', il naso sarebbe in grado di informare il nostro cervello su come interagire con gli oggetti, guidando i movimenti delle mani. Chiedendo ai partecipanti all'esperimento di raggiungere e afferrare un frutto dopo essere stati esposti al suo odore oppure a quello di un altro frutto, i ricercatori hanno dimostrato come il movimento della mano (misurato mediante una sofisticata tecnica per la registrazione cinematica) fosse eseguito in modo diverso a seconda che il frutto da afferrare fosse o meno lo stesso di cui avevano inizialmente sentito l'odore: per esempio, quando il frutto da afferrare era un'arancia, le dita della mano si muovevano come se dovessero afferrare un'arancia solo quando l'odore somministrato era quello corrispondente, ma non quando era quello di una mandorla; in questo caso le dita che andavano a prendere l'arancia assumevano una postura simile a quella utilizzata per afferrare una mandorla. Quando di fronte a un oggetto da afferrare la vista e l'olfatto forniscono informazioni contrastanti, il modo in cui il movimento viene eseguito sarebbe il risultato del compromesso tra queste due diverse informazioni sensoriali. L'interazione dell'olfatto con i centri superiori che controllano il comportamento (responsabili del movimento e delle interazioni con gli oggetti) e agiscono sulla conoscenza razionale fa pensare che questo senso contribuisca all'accesso interpretativo al mondo circostante.

3.3. *Il naso e le emozioni*

Se solo da qualche decennio è nota quella 'via degli odori' che dal naso conduce alla corteccia cerebrale e se è altrettanto noto che l'1% del nostro genoma è dedicato al riconoscimento chimico, non è ancora chiara la relazione tra gli odori, le emozioni e gli istinti – l'ambito olfattologico indubbiamente meno studiato. Che relazione c'è, allora, tra l'olfatto e la nostra vita emotiva? E come può una fragranza influire sul nostro stato emotivo? Frequentemente illustrato dalla letteratura e dall'arte, il rapporto tra gli odori e le emozioni è infatti trascurato dalla scienza. Persino le ricerche sulle emozioni non riservano alcuna attenzione al loro nesso con l'olfatto, il cui studio potrebbe avere invece importanti implicazioni per la comprensione dei processi emozionali (Van Toller 1997: 38; 1985 per una rassegna).

Sappiamo tutti che gli odori sono una fonte importante di piacere o di dispiacere, sappiamo che generano nel soggetto percipiente stati affettivi associabili alle esperienze individuali: possono metterci in allarme, possono deliziarci o disgustarci e, anche se spesso non riusciamo a tradurne verbalmente le cause, possono orientare le nostre scelte attrattive e repulsive, ma difficilmente ci lasciano indifferenti (cfr. *supra*, §§ 2.4-2.6). La stretta – e ormai nota – correlazione tra l'olfatto e il sistema limbico, centro cerebrale della nostra vita passionale e umorale, spiega la componente emotiva degli odori. E, del resto, «sin dall'antichità, i medici non si stancano di ripetere che, di tutti gli organi di senso, il naso è quello più vicino al cervello e quindi 'all'origine del sentimento'» (Corbin 1982: 8). Gli odori penetrano direttamente nel nostro cervello raggiungendo l'amigdala e l'ippocampo (strutture del sistema limbico anatomicamente connesse alla corteccia olfattiva) evocando intense emozioni di paura, di gioia, di disgusto, di nostalgia o di affetto. Queste emozioni riescono tanto intense quanto, inizialmente, inconsapevoli: infatti, gli stimoli elaborati in queste regioni seguono una sorta di scorciatoia cerebrale, attivando risposte immediate e istintive. Le reazioni emotive a un odore vengono misurate avvalendosi delle reazioni psicofisiologiche (analisi di fluidi corporei come sudore, saliva, sangue, urine) per le variazioni a lungo termine, del rilevamento dell'attività elettrica del cervello (potenziali minimi elettrici del corpo: dei muscoli, della pelle, del battito cardiaco; onde emesse dal cervello, registrate attraverso l'EEG; potenziali evocati: rapportati cioè a un evento – uno stimolo sensoriale) e delle tecniche di *brain imaging* (PET, fMRI) per le reazioni a breve termine o in tempo reale. Alcune ricerche sugli effetti cerebrali e quindi cognitivi degli odori (condotte con la tecnica dei potenziali evocati) rileverebbero nell'emisfero destro una maggiore sensibilità agli odori sgradevoli; gli odori gradevoli (come, per esempio, quello della vanillina) determinerebbero invece un segnale elettrico più ampio se viene stimolata la narice sinistra (direttamente collegata con l'emisfero sinistro). La valutazione affettiva degli odori sarebbe dunque più chiaramente lateralizzata nel caso delle maleolenze; le sensazioni positive sembrerebbero invece sottrarsi alla lateralizzazione (cfr. *supra*, § 1.2).

Il ricorso all'uso di film, di volti o di frasi per suscitare reazioni emotive aggiunge una difficoltà nello studio della lateralizzazione dei processi emotivi, dal momento che occorre tener conto del concomitante coinvolgimento di processi cognitivi altrettanto lateralizzati. Non esistendo emozioni disgiunte da sensazioni e da pensieri, è importante precisare l'aspetto lateralizzato dell'esperienza emotiva. L'applicazione di tecniche visualizzatrici all'analisi degli effetti cerebrali degli odori è in una fase ancora preliminare e tuttavia tale da confermare la corrispondenza tra la localizzazione di aree cerebrali attivate dagli odori e la lateralizzazione cerebrale causata da stimoli atti a indurre emozioni: gli odori più familiari e gradevoli attivano bilateralmente la corteccia piriforme (o paleocorteccia olfattiva) e un'area olfattiva neocorticale, la corteccia prefrontale (soprattutto nella zona destra); la visione di volti atterriti e la percezione di cattivi odori (per esempio di un cibo guasto) attivano l'amigdala bilateralmente (Van Toller 1997: 39-42; Ehrlichman, Bastone 1997: 140-142; Holley 1999: 186-191). Secondo studi recenti, condotti mediante fMRI, nell'individuo che osservi in un volto altrui una reazione di disgusto (segno che l'oggetto annusato o gustato è percepito come un veicolo di possibili pericoli) si attivano empaticamente le stesse aree corticali operanti nel soggetto disgustato. Tali sono soprattutto l'insula e il cingolo rostrale, mentre un'area sottocorticale come l'amigdala (attiva sia per gli odori sgradevoli sia per quelli gradevoli) non interviene nel riconoscimento delle espressioni fisiognomiche di disgusto. Le medesime aree sono coinvolte anche quando proviamo direttamente o riconosciamo negli altri un moto d'afflizione. Esisterebbe, insomma, una sorta di meccanismo sociale che ci consente di 'leggere' e di rivivere interiormente le emozioni altrui, un dispositivo cerebrale 'specchio' (molto simile a quello preposto alla comprensione delle azioni e delle intenzioni) che colorisce emotivamente la condivisione delle risposte viscero-motorie legate per l'appunto alle emozioni (Rizzolatti, Sinigaglia 2006: 170-177; Rizzolatti, Vozza 2008: 63-66).

Se è vero che gli aromi e le emozioni si condizionano reciprocamente, è anche vero che le nostre emozioni hanno odori diversi e riconoscibili. Espressioni quali 'fiutare un pericolo', 'sprizzare felicità da tutti i pori' o 'l'odore della paura' non sono solo metafore, ma hanno anche un fondamento biologico. Per molti animali, come per esempio i roditori, annusare un pericolo determina uno stato di allarme e provoca la secrezione di sostanze chimiche che modificano l'odore corporeo, segnalando ai cospecifici la presenza del pericolo. Qualcosa di analogo è stato sperimentato anche negli uomini: il 'profumo della felicità' o 'del divertimento' emanante da un film comico è più riconoscibile nelle donne, mentre l'"odore della paura', scatenato da un film del terrore, sembra più intenso e riconoscibile negli uomini (Chen, Haviland-Jones 2000). Ma è stato altresì provato che fragranze diverse possono influenzare i nostri umori e penetrare nel nostro subconscio: possono ridurre le nostre paure, lenire i nostri dolori, ridurre il nostro stress, agire sulla nostra concentrazione mentale, avere un effetto rilassante ed essere applicate con successo nelle terapie psichiche e fisiche (cfr. *supra*, § 1.4). Per esempio, esporre i lattanti all'odore del seno materno ha effetti sul loro modo di reagire al dolore: mitiga i loro pianti così come l'esposizione a un odore sgradevole li acuisce (Mellier *et al.* 1997). Un buon profumo può stimolare l'istinto a voltarsi per cercarne la fonte in una bella donna o in un bell'uomo. Si è poi portati a pensare che gli odori gradevoli producano stati affettivi positivi e che quelli sgradevoli producano stati negativi. La questione è in realtà più complessa: un odore non sgradevole in sé può determinare reazioni di rifiuto perché viene soggettivamente associato ad eventi spiacevoli (per esempio a un intervento chirurgico in anestesia parziale); viceversa, un odore non particolarmente significativo può essere connotato positivamente se viene esperito in una situazione piacevole (Zucco 1988: 69-72). Del pari, l'odore gradevole di un cibo può riuscirci sgradevole se ne abbiamo fatto indigestione o se siamo sazi. Alcuni studiosi hanno dimostrato sperimentalmente come un odore di per sé neutro possa acquisire una valenza affettiva ed evocativa se viene associato a un'esperienza gravida di significati emotivi (Kirk-Smith *et al.* 1983; Kirk-Smith, Booth 1987); e d'altra parte, come s'è visto, la capacità di operare queste associazioni è presente fin dai primi vagiti (cfr. *supra*, § 2.5). Il condizionamento reciproco di odori ed emozioni è tuttavia individuale, dipendente dai contesti, spesso debole e pertanto difficile da dimostrare.

Sul piano funzionale l'olfatto, a differenza della vista e dell'udito, stimola più prontamente l'attività emotiva che l'attività strettamente cognitiva: e, appunto per questa sua tendenza a compromettersi con le emozioni, l'olfatto è stato spesso sottovalutato. Una lunga tradizione filosofica che risale almeno a Cartesio ha drasticamente separato le emozioni dalla vita intellettiva e razionale, relegandole al livello dell'animalità, un'idea condivisa in larga parte dalle scienze cognitive. È ovvio però che ogni impresa intellettuale sia impregnata di emozioni e che le attività di 'basso' livello cooperino con quelle di 'alto' livello nei processi della mente. Ecco perché si deve riconoscere appieno il valore cognitivo dell'olfatto. Solo nell'uomo, del resto, le parti più arcaiche del cervello si sono integrate con quelle più recenti, influenzandosi reciprocamente attraverso un complesso sistema di connessioni entro il quale anche il valore funzionale delle zone più antiche non è lo stesso di quello assunto nelle specie meno evolute: basti pensare che parti del cervello rettile, come i gangli della base, che negli animali controllano alcune attività motorie, nell'uomo intervengono anche in alcune funzioni linguistiche e cognitive (Lieberman 1991, 2000). Peraltro l'emotività, riconosciuta (almeno a partire da Darwin) come un tratto del mondo animale, solo nei comportamenti dell'uomo si esprime in tutta la sua pienezza, perché è fortemente influenzata dallo sviluppo di nuove funzioni cerebrali nella neocorteccia. Come afferma S. Van Toller (1997: 33), uno dei maggiori studiosi dei rapporti tra naso ed emozioni, essa trova nell'*Homo sapiens* «le sue manifestazioni più nobili e più vili. [...] Gli uomini sono gli unici esseri viventi ad aver trasformato il mangiare e il bere in rituali della convivialità. Analogamente, la loro attività sessuale può assumere forme eccentriche e devianti».

Seguendo le argomentazioni speculative di Hume e di Spinoza, alcuni neuroscienziati, tra cui J. Le Doux (1996) e A.R. Damasio, rifiutano la netta separazione delle emozioni dall'agire razionale, sottolineando piuttosto il valore cognitivo del sentimento. L'analisi di stupefacenti casi clinici e le evidenze neurobiologiche, ampiamente documentate nella trilogia di Damasio dedicata alla neurobiologia delle emozioni e dei sentimenti (1994, 1999, 2003), lo dimostrerebbero ampiamente. Affascinato dalle emozioni, Hume sosteneva che «la ragione è schiava delle passioni» (1739-1740) e Spinoza, in una premonizione biologica d'inquietante modernità, riconobbe nelle emozioni e nell'intelletto una medesima sostanza: «l'oggetto dell'idea costituente la mente umana è il corpo» (1677, parte II: prop. XIII). Così, pensiero ed estensione, sebbene distinguibili, sono attributi della medesima sostanza. Pur essendo totalmente ignorato dagli esperti delle emozioni, lo studio di un sistema prevalentemente emozionale come l'olfatto è una finestra privilegiata per osservare il complesso intreccio tra la mente e il corpo – sostanze tutt'altro che separate. Odori gradevoli o sgradevoli possono infatti influenzare, oltre agli stati d'animo, i giudizi su persone, su fotografie o su quadri. Numerosi dati confermerebbero che gli stati d'animo indotti dall'esposizione a un odore possono condizionare sensibilmente i giudizi espressi su stimoli neutri o ambigui, ma non quelli relativi a stimoli chiaramente positivi o negativi. Un'altra ricerca ha dimostrato che una maleolenza può condizionare il rendimento di studenti universitari nel compimento di attività che impegnano l'attenzione come, per esempio, la correzione delle bozze di stampa, ma non sembra incidere sull'esecuzione di compiti più semplici come, per esempio, la soluzione di alcuni elementari esercizi aritmetici. Per di più, dopo aver lasciato la stanza impregnata di cattivo odore, i soggetti manifestavano una tolleranza minore per certi compiti frustranti (cfr. gli studi citati in Ehrlichman, Bastone 1997: 137-140).

Diverse ragioni spiegano l'intima connessione esistente tra odori ed emozioni piacevoli o spiacevoli: l'esperire un odore è quasi sempre accompagnato da sensazioni gradevoli o sgradevoli, poco o nulla connesse con una mediazione cognitiva, ed è altresì un'esperienza primitiva in un duplice senso: attiva aree neurali arcaiche e non richiede trasformazioni simboliche. Non pochi studiosi considerano la dimensione edonistica il tratto più saliente dell'esperienza olfattiva: gli odori, come i sapori, determinano quasi sempre reazioni piacevoli o spiacevoli e veicolano informazioni socialmente interpretabili. Nel valutare un odore, il soggetto adulto lascia prevalere la componente edonistica su altri attributi percettivi, come la qualità o l'intensità, laddove il bambino nel suo primo quinquennio esprime preferenze olfattive molto deboli. Benché la capacità di riconoscere gli odori sia attiva fin dalla nascita, le preferenze e le avversioni sono tuttavia influenzate dall'esperienza, soprattutto quella relativa al periodo compreso tra i 6 mesi e i 2 anni – un periodo centrale per la scoperta degli alimenti (Nicklaus 2003, citato in Candau 2005: 164-165). Non a caso un'insofferenza a certi aromi alimentari, acquisita durante l'infanzia, può persistere anche per tutta la vita. Sull'origine e sullo sviluppo della valenza edonistica degli odori, la teoria innatista s'affianca, senza escluderla, alla teoria empirista: lo sviluppo intrauterino della sensibilità agli odori garantisce infatti ai neonati una precoce memoria olfattiva e consente di aggiungere nuove preferenze ad altre inclinazioni innate (quali, per esempio, l'inclinazione ad accettare il sapore dolce e quella a rifiutare

il sapore amaro – cfr. *supra*, § 2.5). La fisiognomica facciale è la principale via d'accesso alla dimensione edonistica
degli odori, anche perché, com'è proprio d'ogni comunicazione non verbale, consente di aggirare le frequenti difficoltà di traduzione linguistica delle esperienze olfattive.
Diverse ricerche sulla reattività facciale forniscono prove
a sostegno della capacità degli odori di provocare stati
emotivi: spesso un'espressione del volto è indice di uno
stato emotivo e, per questa via, viene a connotare la comunicazione, più o meno intenzionale, dell'esperienza edonistica di un odore (Engen 1982, 1988; Holley 1999: 153;
Soussignan 1997; Ehrlichman, Bastone 1997: 131-137).
Un'ulteriore conferma empirica dell'incidenza degli odori sull'umore e sulle emozioni è fornita come si è già detto
dai casi di anosmia, che testimoniano il progressivo spe-
gnersi della vita emotiva e l'affievolirsi del gusto della vita
conseguente alla perdita dell'olfatto.

3.4. *Memorie olfattive*

Chi di noi non ha sperimentato, spesso inconsapevolmente, lo straordinario potere evocativo degli odori? La loro
capacità di restituirci in un istante e inaspettatamente
un'esperienza passata, profondamente radicata nella memoria? Un particolare profumo, casualmente risentito a
distanza di molto tempo, può immediatamente ridestare
un'ondata di ricordi sopiti, lasciando riaffiorare, in ogni
particolare, un episodio della nostra esistenza che, a seconda dei casi, ci riempie di gioia, di malinconia, di tri-
stezza o di nostalgia. Niente, insomma, è più memorabile
di un odore, capace di resistere al logorio del tempo come
nessun altro dato sensoriale. Noto come 'sindrome di
Proust', tale fenomeno trae appunto il nome da una fa-
mosa pagina della *Recherche*:

E all'improvviso il ricordo mi è apparso. Quel gusto era quello del pezzetto di *madeleine* che zia Léonie la domenica mattina

a Combray [...] mi offriva dopo averlo inzuppato nel suo infuso di tè o di tiglio quando andavo a darle il buongiorno in camera sua. La vista della piccola *madeleine* non mi aveva ricordato niente prima di averla gustata [...]. Ma, quando di un antico passato non sussiste niente, dopo la morte degli esseri, dopo la distruzione delle cose, soli, più fragili ma più intensi, più immateriali, più persistenti, più fedeli, l'odore e il sapore restano ancora a lungo, come anime, a ricordare, ad attendere, a sperare, sulla rovina di tutto il resto, a reggere, senza piegarsi, sulla loro gocciolina quasi impalpabile, l'immenso edificio del ricordo (Proust 1913: 133).

Questo fatto, tutt'altro che raro, dimostra che gli odori attivano la memoria episodica (un tipo di memoria a lungo termine che riguarda il ricordo di eventi particolari e specialmente di quelli biografici), cioè i vissuti autoreferenziali riferiti a un preciso contesto spazio-temporale. Ricordi inediti, in apparenza sommersi, riaffiorano in maniera sorprendentemente vivace e ricca, anche se in certi casi si è incapaci di denominare l'evento odoroso scatenante. Un piccolo particolare come un odore diventa così la chiave per recuperare alla coscienza un determinato episodio della nostra vita. Fino a mezzo secolo fa esistevano al riguardo solo aneddoti e racconti letterari (come appunto quello proustiano): oggi invece disponiamo di numerose ricerche scientifiche sulla memoria degli odori (cfr. per esempio Schab, Crowder, eds., 1995; Issanchou 2002; Lehrner, Walla 2002), che tuttavia resta «una memoria dimenticata» (Roncato, Zucco 1993: 120) entro una letteratura psicologica fin troppo concentrata sulle immagini e sui suoni. Sappiamo, per esempio, che un ricordo associato a un profumo può, a sua volta, attivare le regioni del cervello sensibili agli odori. Ad alcuni soggetti è stato chiesto di creare storie o di stabilire comunque legami tra una serie di fotografie raffiguranti oggetti vari e una serie di odori diversi, percepiti contemporaneamente all'osservazione delle foto. La successiva esibizione delle medesime foto, senza la simultanea diffusione degli odori, riattivava la corteccia olfattiva (piriforme). Questo dato induce a supporre che un ricordo episodico e attraversato da una suggestione multisensoriale (odori, suoni, immagini) non venga immagazzinato in un unico centro cerebrale (cioè l'ippocampo), ma sia distribuito tra differenti aree, così da essere risvegliato anche da un unico canale sensoriale: un meccanismo siffatto potrebbe rendere più flessibile il recupero dei ricordi (Gottfried *et al.* 2004). Numerosi studi riconoscono che la codifica mnestica degli odori può vantare, rispetto agli altri sistemi sensoriali, un'assoluta singolarità cognitiva (Engen 1982, 1987; Herz, Engen 1996; Schab 1991; Lehrner *et al.* 1999; Zucco 2000). Il passare del tempo, che in genere affievolisce gli stimoli visivi e verbali, non sembra incidere sugli stimoli olfattivi. Raramente, infatti, gli odori si presentano isolati dal contesto della sensazione d'origine, giacché anzi essi sanno integrare diverse informazioni sensoriali (riguardanti il cibo, i luoghi, le persone) entro sfumature affettive tali da consolidare ricordi olfattivi sostenuti peraltro da una più ricca serie di connessioni fra aree cerebrali diverse (corticali e sottocorticali). È questo che probabilmente li rende più resistenti all'oblio. Una ricerca americana adduce ora nuove prove neurofisiologiche della peculiarità della memoria olfattiva. Nel bulbo olfattivo sembrano infatti annidarsi cellule nervose a forma di stella che, pur non essendo numerose, hanno tuttavia ramificazioni fibrose molto più sviluppate degli altri neuroni e possono dunque esercitare un controllo più forte sulle altre cellule cerebrali. Un indizio odoroso può così essere amplificato centinaia di volte, risvegliando ricordi sommersi e collegati a vari stati d'animo (Kerr, Belluscio 2006).

Laddove la memoria visiva codifica le immagini come un insieme di caratteristiche discrete quali i colori e le forme, fornendo numerosi indizi che ne facilitano il riconoscimento immediato (come nel caso di un paesaggio, di una scena o di un quadro), la memoria olfattiva invece immagazzina gli odori in modo olistico, come una percezione unica, seguendo il principio del tutto-o-niente (Engen 1982: 111). Il loro sottrarsi all'analisi in tratti elementari li rende più resistenti alle interferenze retroattive (oblio causato dagli apprendimenti successivi a quello iniziale). Questa particolare codifica degli odori, preservando in un certo senso i ricordi olfattivi nella loro individualità e immagazzinandoli in modo relativamente indipendente gli uni dagli altri, è vantaggiosa nel recupero a lungo termine ma svantaggiosa in quello a breve termine: la carenza di indizi che facilitino la ricostruzione dell'intero ricordo riduce infatti le prestazioni dei soggetti. Per contro, diverse ricerche sperimentali dimostrano che il recupero dei ricordi visivi è favorito a breve termine dalla molteplicità di indici di riconoscimento, mentre l'interferenza prodotta da apprendimenti successivi – per cui due figure possono essere confuse perché hanno in comune con le altre, per esempio, il colore – peggiora le *performances* della memoria visiva nel riconoscimento a lungo termine. Sicché la ripetizione dello stimolo favorisce la conservazione dell'immagine visiva, ma non di quella olfattiva. Se la memoria olfattiva resiste al processo d'interferenza retroattiva, non altrettanto può dirsi per l'interferenza proattiva: le vecchie associazioni inibirebbero i tentativi di formarne di nuove con gli stessi stimoli. Secondo Engen (1982: 166), questo spiegherebbe perché i ricordi degli odori (ivi incluse le avversioni apprese, soprattutto nei confronti del cibo), una volta consolidati, sono difficilmente modificabili: un aspetto importante della memoria olfattiva, deputata primariamente ad allertare l'individuo sulla pericolosità di certe situazioni già vissute (per esempio alcuni alimenti ingeriti in precedenza).

Il carattere fortuito e involontario della codifica di un odore, l'ininfluenza della familiarità o della piacevolezza degli stimoli sul ricordo a lungo termine e sul suo riconoscimento e la sua refrattarietà alla codifica verbale sono aspetti della memoria olfattiva altrettanto salienti (Roncato, Zucco 1993: 128-131). Essa, in realtà, implica funzioni diverse – il riconoscimento, l'identificazione e la rievocazione – e differenti sistemi e sottosistemi di memoria, oltre a quelli già citati: la memoria semantica, coinvolta nel riconoscimento di oggetti o di fenomeni denominati attraverso il linguaggio, e la memoria implicita, riguardante quegli avvenimenti memorizzati inconsapevolmente e capaci comunque di condizionare il nostro comportamento. Nella vita quotidiana accade raramente che decidiamo di memorizzare un odore: il suo apprendimento avviene in genere in modo accidentale e inconsapevole (Issanchou *et al.* 2002). Sulla memoria implicita per gli odori non ci sono molti studi, sebbene le ricerche sull'importanza delle esperienze aromatiche in epoca prenatale e postnatale facciano pensare che l'apprendimento olfattivo implicito e inconsapevole agisca precocemente, orientando le nostre preferenze affettive e alimentari.

Dicevamo che il riconoscimento degli odori a lungo termine funziona molto meglio di quello a breve termine: nelle prove di riconoscimento immediato, dove il tempo che separa la fase di apprendimento dalla prova di riconoscimento non supera pochi secondi o minuti, la percentuale di odori correttamente distinti non oltrepassa il 70-80%, a fronte di risultati vicini al 100% ottenuti in prove simili di riconoscimento visivo o uditivo; viceversa, le prestazioni olfattive dei soggetti rimangono abbastanza stabili anche dopo un mese o un anno, laddove si registra un forte calo nelle prove di riconoscimento di immagini o di suoni (Engen, Ross 1973; Holley 1999: 143-144; Roncato, Zucco 1993: 128-131; Zucco 2000: 59; 2007: 155-156). È stato variamente dimostrato che, se si ricorda un odore dopo un giorno, generalmente lo si rammenta ancora dopo un mese e anche dopo un anno (Schab, Cain 1991). Se riconoscere un odore significa rendersi conto di averlo già sentito, identificarlo implica una forma di memoria più complessa in cui al riconoscimento dell'odore segue la sua riconduzione a una classe e, contestualmente, l'estrazione dalla memoria semantica di un nome appropriato con cui designarlo. Gli studiosi convengono sulla straordinaria complicazione di questo compito cognitivo, connessa alla mancanza di un sistema di classificazione adeguato entro cui raggruppare gli odori e al problema della loro denominazione, cioè della mancanza di un lessico stabilizzato e condiviso comparabile a quello con cui si descrivono i colori. Benché questa difficoltà coinvolga entrambi i sessi, le donne risultano tuttavia più abili degli uomini a etichettare gli odori, per ragioni cui abbiamo già accennato (cfr. *supra*, § 1.6). La capacità di riconoscere gli odori resta comunque superiore a quella di identificarli: così, quando percepiamo un odore, possiamo riconoscerlo come familiare, collocarlo in una classe generale, indicarne la fonte, ma abbiamo difficoltà ad attribuirgli un'etichetta verbale. Come un 'concetto sfuocato' può restarci sulla punta-della-lingua (fenomeno ben noto ai linguisti), allo stesso modo Lawless ed Engen (1977) hanno dimostrato il fenomeno dell'odore che resta sulla «punta-del-naso», già rilevato da R. Harper e colleghi (1968): se nel primo caso ci sfugge l'intera parola ma possiamo ricordarne una lettera o una sillaba, nel secondo non abbiamo indizi sul nome dell'odore, tuttavia leggere la definizione della sua fonte può innescare il fenomeno della punta-della-lingua (Engen 1982: 64).

Testimone di una conoscenza implicita dell'odore, tale fenomeno potrebbe trovare una spiegazione nei deboli legami del cervello odorante con i centri del linguaggio. Alcune evidenze empiriche invitano tuttavia alla prudenza: l'addestramento e l'esperienza possono migliorare le prestazioni, come dimostrano i nasi 'linguistici' di molti professionisti dell'olfatto (*sommeliers*, profumieri ecc.). E altri dati sulle esperienze precoci dei bambini dimostrano che la capacità di apprendimento dei nomi degli odori fra i 4 e i 17 anni ha un andamento simile a quello osservato negli altri ambiti sensoriali: più scarsa nei bambini, aumenta con l'età e con l'esperienza, e con essa migliora anche il riconoscimento degli odori corrispondenti. Associare ripetutamente parole o oggetti ad alcuni odori perfeziona non già la loro capacità di denominazione spontanea, bensì la scelta corretta tra più nomi. Sempre nei bambini, è stato osservato uno scarto tra conoscenza degli odori e capacità di identificarli. La modalità olistica di codifica degli odori, non facilitando l'attribuzione del nome, potrebbe essere la causa della difficoltà a identificare un odore. Non è ancora chiaro, tuttavia, quanto incidano sulla qualità delle *performance*s nella denominazione degli odori, prima dei 10-12 anni, da una parte i limiti delle capacità di astrazione e di simbolizzazione e dall'altra le scarse esperienze con gli odori (e quindi con i loro nomi) (Lehrner, Walla 2002; Rouby *et al.* 1997).

Viene spontaneo chiedersi poi in che misura la conoscenza e l'uso del nome di un odore influiscano in generale sulla sua memorizzazione. Secondo diverse ricerche, apprendere il nome di un odore nel momento in cui lo si percepisce ne favorisce la conservazione a lungo termine e ne migliora il riconoscimento, come accade generalmente anche per gli altri stimoli sensoriali. Quanto agli odori, però, è singolare che all'instabilità e alla vaghezza del vocabolario olfattivo corrisponda una memoria particolarmente resistente (Candau 2001). Non si può escludere che l'odore, elaborato in prima battuta nella memoria episodica, e quindi connesso a un preciso contesto spazio-temporale, venga ricodificato nella memoria semantica attraverso altri meccanismi associativi. Il livello di astrazione richiesto dalla ricodifica semantica consentirebbe all'odore di sganciarsi dall'oggetto percepito (Rouby *et al.* 1997: 170). Altri suggerimenti sensoriali e/o linguistici possono facilitare la memorizzazione e il riconoscimento degli odori: diversi esperimenti sull'apprendimento olfattivo dimostrano, infatti, che associare un odore a un'immagine della sua fonte o al suo nome, e ancora di più a un'immagine e al nome, migliora significativamente le prestazioni dei soggetti rispetto alla percezione e al riconoscimento immediato del solo odore. E, in altri casi, fornire o suggerire la parola può facilitare la discriminazione di un odore fra tanti (Lyman,

McDaniel 1986, 1990; Jehel *et al.* 1997). La «teoria del doppio codice» di A. Paivio (1986) può chiarire questo fenomeno: le informazioni vengono memorizzate e recuperate meglio se codificate due volte, cioè da un punto di vista semantico (parole) o visivo e insieme nella modalità dello stesso sistema sensoriale, poiché in tal modo si dispone di due punti di riferimento. La codifica multimodale sarebbe dunque il fattore più determinante. Può accadere inoltre che un odore, in virtù del suo potere evocativo, molto più forte di quello concesso all'immagine visiva, possa restituire la parola mancante in alcune situazione patologiche. Ne è un esempio il curioso caso del paziente agnosico descritto da Sacks ne *L'uomo che scambiò sua moglie per un cappello*. Dopo numerosi quanto vani tentativi di denominare una rosa, finalmente questi la annusa, e solo allora esclama prontamente: «'Che meraviglia! Una rosa precoce. Che profumo divino!' [...] A quanto pareva – afferma Sacks – la realtà poteva essere trasmessa dall'odorato se non dalla vista» (1985: 32). Ed è altrettanto interessante che la parola *rosa*, indubbiamente per il suo richiamo immediato al profumo, sia una parola chiave di straordinaria efficacia per la demutizzazione degli afasici (Van Eeckhout 2001: 35).

Che dire poi della nostra capacità di immaginare un odore? Anche questo sembra un compito molto arduo: riusciamo senza problemi a rappresentarci mentalmente immagini e suoni (volti familiari, musiche, discorsi, liste di parole o di numeri), ma ci riesce piuttosto difficile rievocare odori della quotidianità, come quello del nostro profumo preferito o del pane appena sfornato. È come se l'esperienza olfattiva fosse «avvolta ed isolata da uno strato protettivo che si apre soltanto quando viene stimolata dal suo riproporsi» (Roncato, Zucco 1993: 123). La relazione odore-episodio è, infatti, asimmetrica (Engen 1987: 501, 503): un odore ci riporta alla memoria episodi del passato con ricchezza di particolari, ma la rievocazione di una particolare circostanza non ci permette di rivivere internamente l'esperienza di un odore. Un problema, chiaramente, non privo di importanza per le sue ripercussioni sul riconoscimento dello statuto cognitivo della rappresentazione delle conoscenze olfattive in memoria. Se si chiede ad alcune persone di provare a immaginarsi un odore, la maggior parte di esse dichiarerà di non riuscirci. Sono pochissimi coloro che in certe circostanze hanno la capacità di rievocare consapevolmente e talvolta involontariamente odori noti (lo dico anche per esperienza personale), in un modo così vivo da avere la sensazione di respirarli realmente, seppure per pochi istanti. In questo caso, si obietta, non si può escludere che in realtà si stia confondendo l'esperienza olfattiva con le rappresentazioni mentali fornite da altri sensi, evocando in realtà l'immagine della fonte dell'odore, il suo nome o altri suoi attributi caratteristici – come, per esempio, l'essere caldo e croccante nel caso del pane. Nulla da osservare invece riguardo ai creatori di profumi: se non fossero dotati di una straordinaria immaginazione olfattiva, unita a fantasia, talento e genialità, difficilmente riuscirebbero a esercitare il loro mestiere di 'nasi', a comporre cioè note odorose per creare essenze e profumi grazie a un olfatto allenatissimo. La Tonatto, naso italiano di fama internazionale, lo racconta in modo chiaro: «aprendo questi barattolini, io ho già un'idea molto precisa di quello che viene fuori, perché io le note le immagino già tutte. [...] Ho già il *mélange* in testa» (Tonatto, Montrucchio 2006: 142). Creare un profumo richiede la ricerca mentale di una forma olfattiva che va prima di tutto immaginata, e solo dopo realizzata. Studi condotti mediante la risonanza magnetica funzionale hanno fornito altre evidenze a sostegno della possibilità di una rievocazione mentale di immagini olfattive: soggetti a cui è stato chiesto di immaginare odori familiari hanno mostrato un'attività cerebrale in aree corrispondenti a quelle che si attivano in presenza di odori reali (Levy *et al.* 1999, citato in Holley 2002: 23-24).

Al di là dei dati introspettivi, la possibilità di rappresentazione interna di un odore è poco dimostrabile scientificamente se non ricorrendo a indagini indirette, come l'uso di strategie e di compiti interferenti, comunemente utilizzati nella sperimentazione per accrescere o per inibire le prestazioni di memoria: per esempio, una lista di parole verrà ricordata meglio dai soggetti ai quali in fase di apprendimento si chiede di elaborare per ciascuna di esse un'immagine mentale, anziché da coloro che l'hanno semplicemente ascoltata senza ricorrere a particolari strategie mnemoniche; le *performances* calano inoltre quando si chiede, per esempio, di contare indietro per tre (compito interferente) durante la presentazione dello stimolo. Esperimenti simili condotti nel corso dell'apprendimento di stimoli olfattivi (tuttavia ancora esigui per trarre conclusioni definitive) hanno prodotto risultati contrastanti sui quali gli studiosi sono divisi: chi osserva un miglioramento dei compiti di riconoscimento in seguito all'uso di strategie e un peggioramento in presenza di compiti interferenti – soprattutto quelli che utilizzano la stessa modalità (per esempio un'interferenza verbale disturba maggiormente una prova verbale anziché una visiva e viceversa) – ipotizza analogie di comportamento tra la memoria olfattiva e quelle visiva e verbale (Lyman, McDaniel 1986, 1990); chi osserva invece che tali espedienti non migliorano né peggiorano la percentuale di riconoscimenti dei soggetti sperimentali rispetto a quelli di controllo sottolinea l'unicità della memoria olfattiva (Roncato, Zucco 1993: 121-128; Zucco 2000: 61-65, 2007: 161-162; Herz, Engen 1996). Nel secondo caso, la scarsa influenza delle strategie e dei compiti interferenti sul riconoscimento degli odori viene ricondotta alla modalità automatica e inconsapevole di formazione dei ricordi olfattivi (connessa soprattutto alle aree subcorticali): una spiegazione indiretta della difficoltà a rievocare intenzionalmente un odore, a differenza degli stimoli verbali e visivi più adatti all'elaborazione consapevole anche perché maggiormente connessi alle aree corticali. Non si può escludere tuttavia che la discordanza tra i risultati di questi esperimenti dipenda, oltre che dalle strategie e dai compiti utilizzati, anche dal modo in cui essi vengono eseguiti. Solo nuovi dati potranno quindi fare chiarezza su tutti questi aspetti. Ma al di là di tutto, la scarsa inclinazione degli stimoli olfattivi alla rievocazione cosciente non esclude l'esistenza di una rappresentazione interna del materiale olfattivo. Se così non fosse, sarebbe impossibile riconoscere un odore, ricordarlo, fornirgli un'etichetta verbale o avere rappresentazioni inesatte di un evento effettivo (percepire un odore con un'intensità superiore a quella reale). E non esisterebbero poi né le illusioni olfattive (percezioni errate di stimoli reali o falsi allarmi), né le allucinazioni olfattive (percezioni endogene abbastanza rare e tuttavia tipiche, per esempio, di alcune forme di epilessia di origine tumorale o vascolare) (Elmes 1998). Il formato delle immagini olfattive resta ancora poco chiaro, ma è fuor di dubbio che il loro accesso, per lo più involontario, sia intenzionale tutte le volte che i nostri processi di attenzione, di memoria, di giudizio, di deduzione si attivano nei compiti cognitivi di riconoscimento e specialmente in quelli di identificazione di un odore.

3.5. L'odore e la parola

La singolarità dell'esperienza olfattiva emerge in tutta la sua evidenza quando si prova a parlare degli odori, quando si cerca cioè di denominarli e soprattutto di descriverli o di comunicarli, un'attività cognitiva alla quale essi sembrano sottrarsi, sfuggendo così ai tentativi di astrazione. La verbalizzazione tuttavia investe trasversalmente i diversi momenti dell'esperienza olfattiva, dalla sensazione alla memorizzazione, alla categorizzazione, fino alla sua trasmissione linguistica. Anche se respiriamo continuamente aromi di varia natura e anche se siamo capaci di distinguere migliaia di odori, tutte le volte che cerchiamo di descrivere un aroma ignoto al nostro interlocutore (o semplicemente da lui non avvertito), un aroma a noi anche molto familiare, le parole ci abbandonano. «Quando il linguaggio – afferma Cassirer (1923: 170) – cerca d'indicare determinate qualità olfattive, si vede per lo più costretto a seguire la via indiretta delle *parole indicanti cose*, che esso ha coniato sulla base di altri dati intuitivo-sensibili». La povertà della terminologia e della fraseologia olfattiva (sia di nomi specifici per designare unicamente gli odori, sia di espressioni con cui descriverne le qualità percettive) ci lascia silenziosi o esitanti, incapaci di etichettare un odore se non in modo incerto o approssimativo. Ci costringe spesso a parlare genericamente di odori gradevoli o sgradevoli o a ricorrere a impressioni soggettive, poco inerenti alle qualità intrinseche dell'odore e legate piuttosto alle sensazioni o ai ricordi personali (è 'inebriante', 'disgustoso', 'eccitante', 'Oh! mi ricorda l'odore della terra dopo un temporale estivo!', 'Uhm! È un buon odore, sa di zucchero filato!'), o ancora ci induce a coniare metafore sinteticamente modellate su altre esperienze sensoriali ('una nota dolciastra', 'un odore polveroso', 'un profumo caldo', 'un odore penetrante', 'sa di arancia', 'di rosa', 'di fumo', 'di fiori', 'di frutta', 'di pesce', 'di vernice').

Raramente dunque ci capita di descrivere un odore nella sua oggettività, come invece si fa per un colore, per un suono o per lo spazio, domini per i quali possediamo una grande varietà di termini descrittivi. È anche vero però che niente meglio di un odore riesce a evocare un'atmosfera o una fisionomia. Il problema della descrizione degli odori emerge anche nel passaggio da una lingua all'altra. Per esempio, i termini inglesi *goaty* ('caprino'), e *sulfureous* ('sulfureo'), che negli Stati Uniti descrivono odori simili, in Gran Bretagna distinguono odori diversi (Harper *et al.* 1968). Questo fenomeno dipende, com'è noto, da un certo relativismo culturale che vede nella categorizzazione un processo largamente linguistico e nella varietà delle lingue diverse visioni del mondo. La difficoltà di verbalizzare un odore viene sottolineata chiaramente da Wittgenstein, nell'ambito della sua polemica contro la possibilità di un «linguaggio privato»:

> Descrivi l'aroma del caffè! – Perché non si riesce? Ci mancano le parole? E *per che cosa* ci mancano? – Ma da dove viene l'idea che una descrizione siffatta debba essere possibile? Non hai mai sentito la mancanza di una descrizione del genere? Hai cercato di descrivere l'aroma del caffè senza riuscirci? (1953: § 610).

Non ci sorprende dunque che l'olfatto sia stato definito «il senso muto, l'unico privo di parole» (Ackerman 1990: 2). Il vocabolario olfattivo è approssimativo e poco sistematico ed è soprattutto idiosincratico, per effetto dell'influenza delle nostre esperienze individuali sulla descrizione degli odori. Nelle lingue indoeuropee, i termini che designano gli odori hanno o tendono ad assumere nel tempo una connotazione decisamente negativa (per gli esempi su quest'ultimo aspetto si veda Classen 1993: 50 sgg.). Un'indagine preliminare condotta da C. Boisson (1997) sul vocabolario olfattivo di 60 lingue, antiche e moderne, appartenenti a 9 famiglie – pur rilevando una certa divergenza tra esse relativamente all'importanza attribuita al lessico olfattivo –, registra tra le regolarità linguistiche una netta preponderanza di termini riferiti a cattivi odori, oltre a una tendenza a classificare gli odori sulla base di nette alternative quali buono/cattivo, gradevole/sgradevole, correlate con l'intensità. La maggiore salienza semantica degli odori sgradevoli si potrebbe ricondurre all'importanza primordiale dell'odore quale spia di un pericolo. Ma l'esiguità di una terminologia specifica e le difficoltà classificatorie rendono, in certo modo, l'olfatto un luogo privilegiato per lo studio delle relazioni tra la percezione, il linguaggio e la cognizione. Solo nell'animale umano le sensazioni, pur radicate nel corpo biologico, sono un fenomeno di coscienza e un'attività traducibile verbalmente. In quell'immenso caos sensoriale che è il mondo, la lingua, con la sua attività di categorizzazione, ci permette di mettere a fuoco le nostre percezioni e soprattutto di catturarle, di descriverle e di coglierne le sfumature, e di fare lo stesso con i nostri pensieri e le nostre idee. Tuttavia i contenuti del nostro sentire, nonostante vengano fissati dalla parola, oltrepassano il potere del linguaggio conservando un margine di irriducibilità linguistica: basti pensare alle difficoltà oggettive incontrate nel raccontare un gusto particolare, uno stato d'animo suscitato dalla persona amata, un'emozione scatenata da un'opera d'arte e maggiormente un aroma percepito e riconosciuto che conserva sempre qualcosa di intraducibile in parole.

Com'è noto, buona parte della semiotica e della linguistica del Novecento, da Hjelmslev a Barthes, Prieto, Chomsky, De Mauro, Eco, riprendendo un principio già teorizzato da sant'Agostino (*De Doctrina Christiana* II, III 4), ha individuato nell'onnipotenza semantica una delle proprietà più esclusive della lingua, caratterizzandola come il sistema semiotico più potente e l'unico al quale è possibile affidare, almeno potenzialmente, qualunque contenuto pensabile o esperibile. I contenuti del nostro sentire sfidano dunque quel principio dell'*onniformatività* che, nella formulazione di Hjelmslev (1943: 117), dice: «Una lingua è una semiotica nella quale ogni altra semiotica, cioè ogni altra lingua e ogni altra struttura semiotica concepibile, può essere tradotta. Tale traducibilità si basa sul fatto che le lingue (e le lingue soltanto) sono in grado di formare qualunque materia; nella lingua, e soltanto nella lingua, è possibile 'lottare con l'inesprimibile finché si arrivi ad esprimerlo'» (l'espressione è di Kierkegaard). Al di fuori di una versione 'forte' dell'onniformatività, si conviene che esistano ambiti di senso non del tutto esprimibili con le parole, come le esperienze emotive, estetiche, sensoriali ecc. Quotidianamente abbiamo chiare evidenze dei limiti espressivi delle lingue, ma il fatto di non poterli stabilire *a priori* e di doverli constatare man mano che si presentano, osserva T. De Mauro (1982: 135-138), ci costringe in un certo senso a non mollare, a forzare in ogni modo tali limiti e a lottare contro l'inesprimibile con ogni mezzo messo a disposizione dalla lingua medesima e dai suoi usi creativi. Ma il fatto che gli odori rappresentino un'esperienza mal permeabile dal linguaggio non è comunque un motivo sufficiente per dichiarare il fallimento della lingua davanti al vario profumare delle cose.

La carenza di un vocabolario specifico stimola in ogni caso l'immaginazione e mobilita le risorse creative della lingua, soprattutto quelle relative all'invenzione retorico-stilistica (metafora, metonimia, similitudine, perifrasi e altre figure di pensiero e di parola), le più indicate a verbalizzare e dunque a rendere cognitivamente usufruibili e condivisibili le esperienze olfattive: così si denomina la fonte o l'origine di un aroma (limone, gelsomino, benzina, terra bagnata, uovo marcio, gomma bruciata ecc.) e si evocano le sensazioni soggettive di piacere, di disgusto o di turbamento. In queste circostanze, lottiamo contro l'inesprimibile nel tentativo di inchiodare più stabilmente alla parola un certo sentire, sostituendo «la ricerca del concetto assente con il commento simbolico di quell'assenza cioè con una costruzione o una ricostruzione non della rappresentazione dell'oggetto, ma della rappresentazione di quella rappresentazione» (Sperber 1974: 114). Il modo di categorizzare gli odori è dunque quello di ricondurli alla loro fonte. Non si può insomma designare un odore senza ricorrere a una perifrasi con un genitivo soggettivo: 'è un odore di...'. Per l'antropologo J. Candau, autore di diverse ricerche sulla memorizzazione e sulla categorizzazione degli odori a partire dall'*expertise* olfattiva in ambito professionale, la povertà del lessico olfattivo non è affatto sorprendente, se si considera invece la ricchezza lessicale relativa alle fonti degli odori. Più che essere povero, il vocabolario degli odori è invece «impreciso, instabile, metaforico, poetico» (2000: 31): e questo certo rende le percezioni del naso mal confrontabili e difficilmente descrivibili, dato che non disponiamo di uno 'spettro olfattivo' analogo allo 'spettro cromatico'. Di qui la difficoltà di denotare le sfumature olenti con un meccanismo analogo a quello che, nel caso dei colori, riconduce immediatamente le diverse tinte agli oggetti ('rosso sangue', 'verde smeraldo', 'giallo ocra' ecc.) o alle situazioni ('blu notte', 'verde mare' ecc.) da cui provengono e permette inoltre di indicarne le gradazioni ('verde pallido/chiaro/scuro'). Dall'impossibilità di verbalizzare le sfumature discendono la tendenza categorica del linguaggio olfattivo e il suo accento spesso perentorio: se di un suono possiamo dire che ci *sembra* acuto, se di un colore possiamo dire che ci *sembra* verde, di un odore non possiamo dire che ci *sembra* disgustoso o che ci *sembra* floreale: o lo è o non lo è! (ivi: 70).

Parlare di sensazioni e nominarle è un'attività cognitiva in cui di fatto ci imbattiamo quotidianamente e alla quale la semantica cognitiva – nata in seno alla linguistica cognitiva – e l'antropologia cognitiva hanno dedicato una particolare attenzione, nel tentativo di comprendere in che modo il sistema linguistico e quello concettuale si connettono con le rappresentazioni elaborate a partire dalle informazioni ricevute dai sensi. Denominare le sensazioni ne favorisce la categorizzazione e la memorizzazione, e percepire qualcosa come tale presuppone il riferimento a una categoria familiare. Esprimere a parole ciò che vediamo è uno dei problemi più studiati anche se, in quest'ambito, c'è un profondo disaccordo tra gli studiosi, divisi tra una posizione culturalista e una posizione universalista. Ispirata alla visione di B. Whorf (1956) – secondo cui la forma del linguaggio determina la struttura dei processi cognitivi (così, i sistemi cognitivi di soggetti che parlano lingue differenti sarebbero diversi), modificando il modo in cui percepiamo e memorizziamo le cose, e le lingue categorizzano gli oggetti della realtà in modo diverso –, la posizione culturalista ricerca le varianti categoriali prodotte per effetto delle influenze socio-culturali nei diversi gruppi umani. La posizione universalista allinea una serie di studi – dalla semantica cognitiva agli studi di antropologia cognitiva come quelli di B. Berlin e P. Kay (1969) sui 'colori focali' (il primo studio noto sui prototipi), alla semantica dei prototipi di E. Rosch (1978), costruita sui lavori dei due antropologi – che cercano, invece, di individuare le invarianti o i vincoli biologici imposti dalla struttura del sistema percettivo umano alla nostra architettura concettuale, tentando così di dimostrare la stabilità delle categorie al di là delle diverse influenze socio-culturali. Il problema dell'espressione linguistica delle esperienze olfattive e della loro categorizzazione è stato nell'ultimo decennio al centro di alcune ricerche interdisciplinari da cui è emerso innanzitutto un criterio di categorizzazione approssimativa degli odori nei soliti termini edonistici di 'buono' e 'cattivo', che ne assicurano la condivisione: si ipotizza che la categoria 'odori sgradevoli' sia relativamente invariante e poco soggetta a condizionamenti culturali, laddove si registra una maggiore variabilità nel polo 'gradevole', più soggetto all'influenza socio-culturale (Schaal *et al.* 1998)[6]. In particolare, poi, si è tentato di applicare alcuni criteri sperimentati per la categorizzazione dei colori all'analisi degli odori e delle categorie per definirli. Berlin e Kay (1969), studiando la denominazione dei colori in una ventina di lingue extraindoeuropee, hanno individuato undici nomi basilari di colori, largamente intertraducibili da una lingua all'altra, corrispondenti ad altrettante categorie percettive universalmente condivise.

Difficilmente collocabili in classi dai confini rigidi e altrettanto difficilmente scomponibili in tratti, gli odori (codificati in modo olistico) sfuggono al criterio di categorizzazione classico basato sul raggruppamento degli oggetti nella medesima categoria in base alle proprietà che li accomunano. Ecco perché le ricerche si sono ispirate alla

[6] Alla linguisticità degli odori e ai problemi connessi alla loro rappresentazione e categorizzazione semantica (una questione complessa che ci sta molto a cuore e alla quale nell'economia di questo lavoro possiamo fare solo un rapido cenno) ci riserviamo di dedicare prossimamente un intero saggio.

teoria dei prototipi della Rosch (1978), secondo cui le categorie si sviluppano intorno a un prototipo naturale, l'esemplare più rappresentativo della categoria per la sua salienza cognitiva (si parla infatti di *aria di famiglia*, condivisa dagli esemplari che assomigliano al prototipo). Questa teoria è più adatta a descrivere gli odori in termini meno rigidi di 'note' – anziché di tratti componenziali indipendenti – che accomunano un odore presente con uno di riferimento e attorno alle quali si abbozzano categorie più sfumate e più flessibili. Il tentativo è dunque quello di identificare alcuni odori focali o almeno alcuni punti di ancoraggio percettivo a partire dai quali si organizzi la costruzione di categorie olfattive. Il differente statuto cognitivo degli odori rispetto ai colori, la loro dipendenza dalla fonte e dal contesto – laddove i colori, almeno nelle culture occidentali, hanno una dimensione astratta, indipendente dai supporti oggettivi –, fa sì che essi siano per il soggetto un effetto o un indizio di uno stato del mondo. Questo richiederebbe pertanto criteri descrittivi fondati su principi differenti da quelli usati per i colori. Entro questa cornice interpretativa, designare un odore denominando la sua fonte più che come una risposta linguisticamente inadeguata andrebbe interpretato come un indice del differente statuto cognitivo degli odori (Dubois, Rouby 1997). Un'ipotesi plausibile emersa dagli studi sopra citati è che la scarsa permeabilità dell'olfatto al linguaggio e alla categorizzazione possa trovare una spiegazione anche nell'inadeguatezza della teoria semantica che presiede all'interpretazione dei rapporti tra linguaggio e cognizione, rispondente a un'idea referenzialista della lingua come sistema di etichette con cui designiamo cose preesistenti o concetti della realtà, in una relazione di verità – lo stesso lavoro di Berlin e Kay, basandosi soltanto sulle parole con cui una lingua denomina i colori e ignorando che la categorizzazione dei colori in certe società si fonda anche su pratiche collegate all'ambiente e a sistemi simbolici complessi, è limitato a un'idea della lingua come nomenclatura della realtà intesa a misurare la precisione della denominazione, trascurando la comprensibilità di quell'etichetta nel contesto d'uso abituale –, idea che mal si presta a categorizzare il dominio degli odori, generalmente etichettati in termini di referenti contestuali personali, e per lo più privi di oggettività condivisa (Dubois *et al*. 1997: 145-146; Dubois, Rouby 1997). Tale ipotesi è confortata proprio da dati emergenti dai pochissimi studi etnolinguistici su lingue dotate di un lessico olfattivo sofisticato, relativamente astratto dall'oggetto, che mettono in luce l'importanza dell'informazione contestuale nella categorizzazione olfattiva.

Facciamo un passo indietro e chiediamoci cosa accade quando si prova a volgere lo sguardo verso società e culture non occidentali, presso le quali l'olfatto e gli odori godono di ben altra considerazione. In altre parole, com'è strutturato il lessico olfattivo delle lingue parlate da popoli non occidentali? Gli studi antropologici ed etnolinguistici rivelano che la povertà del lessico degli odori è soprattutto un problema delle lingue occidentali, giacché in molte società non occidentali si riscontra una maggiore ricchezza e varietà di nomi specifici per gli odori, espressione del potere di astrazione della dimensione olfattiva dagli oggetti odoranti. La ricchezza della terminologia sensoriale di una cultura è del resto una misura dell'importanza da essa attribuita ai diversi sensi (Classen, Howes 1991: 263). In una ricerca sulla classificazione degli odori nel mondo arabo-musulmano, Aubaile-Sallenave (1999) ha annoverato, senza pretese di esaustività, all'incirca 250 termini specifici per gli odori e i profumi nei diversi ambiti della vita sociale. Studi recenti su alcune lingue africane rivelano l'esistenza di lessici olfattivi specializzati. È il caso, per esempio, della lingua li-Waanzi, parlata da un gruppo etnico del Gabon che, vivendo in un ambiente tropicale, deve necessariamente ricorrere a un largo impiego dell'olfatto per adattarsi all'ambiente e trarre da esso informazioni e conoscenze in genere veicolate dalla vista.

Per parlare degli odori i Waanzi dispongono di due categorie di termini, quelli evocativi, riferiti alla fonte o all'oggetto, e una categoria comprendente quattordici termini con cui si designano odori precisi, semanticamente autonomi dagli oggetti o dalle fonti stesse dell'odore. Per esempio, *nganyi* (il termine è qui ovviamente traslitterato) si riferisce a odori acri, acidi o aciduli e assume una connotazione diversa a seconda dei contesti: nella foresta serve a localizzare alcuni alberi da frutto, nel villaggio invece l'odore del limone, dell'acetosella e talvolta anche quello del sudore umano, ed è indice della putrefazione di certi alimenti. Dal punto di vista delle categorizzazioni grammaticali si tratta per lo più di sostantivi (Mouélé 1997). Anche la lingua kapsiki parlata dai Kapsiki/Higi presenta quattordici lessemi differenti riferiti ad altrettante categorie olfattive, costituenti un'area semantica ristretta, altamente rilevante dal punto di vista cognitivo poiché riflette la connotazione olfattiva di questa cultura (Van Beek 1992). Un altro caso interessante è costituito dal lessico degli odori dei Serer N'dut del Senegal, in cui si individuano cinque categorie olfattive specifiche e altri due termini generali, *kiili* e *nget*, per designare rispettivamente odori di origine umana e odori di origine non umana, complessivamente sette parole, usate in tutte le loro possibili connotazioni per classificare la realtà entro cui vive questo popolo (cfr. Dupire 1987, cit. in Classen *et al.* 1994: 110). Le forme nominali specifiche per gli odori individuate in queste lingue, rinviando alle qualità odoranti proprie di classi di oggetti differenti, possono essere comparate in una certa misura ai termini di base individuati da Berlin e Kay nel campo dei colori, termini la cui peculiarità linguistica sta nel designare soltanto il colore anziché l'oggetto che ne è portatore. I dati etnografici sui Waanzi, rivelatisi inabili a denominare con il termine specifico una categoria olfattiva quando questa si presenti al di fuori del contesto (per esempio, un flacone contenente un odore categorizzato come *téla*, cioè zibetto), dimostrano che la trasposizione metodologica dall'ambito dei colori a quello degli odori crea dei problemi relativamente alla scelta degli odoranti da sottoporre agli intervistati e della loro modalità di presentazione decontestualizzata, oltre che alle consegne e ai criteri di risposta dei soggetti (Rouby *et al.* 1997). Il vocabolario olfattivo dei Desana della Colombia (cfr. *supra*, § 1.7), un popolo dalla spiccata coscienza olfattiva, pur essendo simile a quello delle lingue occidentali, cioè associato agli oggetti o alle fonti dell'odore (parlano, per esempio, di *vehkë sëríri*, 'odore di tapiro'), è riferito a una gamma praticamente amplissima di oggetti e di fenomeni della realtà, rispetto invece alle lingue occidentali dove la classificazione olfattiva in termini di 'odore di...' designa un numero più limitato di oggetti (cfr. Reichel-Dolmatoff 1978, cit. in Classen *et al.* 1994: 111-2). Relativamente poi al ruolo dell'architettura biologica e dei processi fisio-chimici nella categorizzazione delle esperienze percettive c'è ancora poca chiarezza: la grande varietà dei recettori olfattivi non consente di valutare in che misura i processi di ricezione periferica vincolino i processi concettuali di categorizzazione olfattiva (Holley 1999: 136-139).

Resta infine da chiedersi se questa tendenza a eludere l'espressione linguistica risalga all'architettura del nostro cervello, cioè ai deboli legami dell'olfatto con le aree del linguaggio, o se intervengano anche altre componenti. Fattori, per esempio, legati alla soggettività degli odori stessi (la loro indeterminatezza e varietà, la soggettività delle impressioni e la vaghezza definitoria) o ragioni di ordine socio-culturale, quasi che lo sviluppo della civiltà abbia contribuito al limitato esercizio di questo senso e di conseguenza alla sua scarsa penetrabilità linguistica: designare gli odori attraverso i nomi delle loro fonti, anziché con termini specifici, è «ecologicamente soddisfacente» (Holley 1999: 131), e dopotutto nella nostra quotidianità denominare e categorizzare gli odori non è sempre fondamentale. Insomma, potrebbe trattarsi, suggerisce Candau (2000: 68), di un 'mutismo' della lingua più che del senso in sé, riflesso di una scarsa attenzione dell'ambiente socio-culturale per il contesto olfattivo. Ma si può anche supporre che gli odori costituiscano un genere che non ha bisogno di precisarsi attraverso la parola perché ha già in sé una compiutezza semiotica, un'eloquenza che si esprime in modo immediato attraverso le emozioni e i ricordi che suscita. La codifica emozionale più che verbale fa sì che gli odori ci 'parlino' direttamente, anche in ragione della loro rappresentazione interna per lo più inconsapevole: «l'odore – scrive Calvino ne *Il nome, il naso* (1986: 9) – subito ti dice senza sbagli quel che ti serve di sapere, non ci sono parole né notizie più precise di quelle che riceve il naso».

Ulteriori evidenze empiriche emergenti dal settore dell'*expertise* olfattiva in campo professionale ci spingono a rivedere ancora una volta il luogo comune della scarsa linguisticità dell'olfatto e della sua altrettanto limitata rilevanza intellettiva. E proprio accennando alla sfida cognitiva e linguistica lanciata da quanti sviluppano una competenza olfattiva (profumieri, *sommeliers*, enologi, cuochi, medici legali, vigili del fuoco), ci avviamo alla conclusione di questo *excursus* sul ruolo dell'olfatto nella conoscenza e nella comunicazione verbale e non verbale degli animali umani, nella speranza di essere riusciti almeno a incuriosire tutti quegli iper-razionalisti anosmici che per resistenze teoriche, oltre che culturali, nel ricercare la nostra unicità non riescono a conoscere 'al di là del proprio naso', perdendo di vista il substrato corporeo altrettanto specifico della nostra modalità di esistenza e dimenticando che se oggi 'pensiamo' è anche perché un tempo annusavamo.

3.6. *Nasi linguistici*

L'esercizio sapiente dell'olfatto, quel lavoro costante e quotidiano che consente lo sviluppo di una competenza olfattiva, di un 'sapere' e di un 'saper fare' sensoriale, cioè di un'*expertise*, è un'abilità cognitiva essenziale per diven-

181

tare professionisti dell'olfatto, cioè per lavorare affidandosi al giudizio e all'intelligenza del naso, alla sua linguisticità e al suo talento interpretativo. Ci riferiamo in particolare a quei 'compositori' di note odorose che sono i creatori di profumi, la cui attività ruota interamente attorno all'olfatto e allo sviluppo di una memoria olfattiva prodigiosa, frutto di un apprendistato lungo e rigoroso ancor più che di una disposizione naturale, e di una capacità di rappresentazione mentale degli odori necessaria per comporli; agli enologi, «scultori di aromi» (Candau 2000: 50) costantemente immersi, nel loro lavoro quotidiano, in una situazione di 'osservazione nasale': dall'ambiente della vigna alla vinificazione, che è la fase olfattivamente più impegnativa, fino alla degustazione, sia quella analitica finalizzata alla ricerca di eventuali difetti, sia quella esclusivamente descrittiva successiva alla fase di affinamento del vino; ai cuochi, guidati dagli odori, ciascuno dei quali è un segno che richiede in ogni istante la loro attenzione, dalla selezione della materia prima (per esempio la natura, la provenienza, l'età di un animale o di un ortaggio) fino alla sua cottura: una cottura troppo forte o troppo prolungata modifica il profumo complesso di una pietanza e quindi anche il suo gusto, e l'attenzione al suo odore costituisce un indice essenziale per controllare in ogni fase la realizzazione di un piatto; ai *sommeliers*, veri e propri 'solisti del naso', il cui lavoro di discriminazione e di descrizione delle diverse famiglie aromatiche e dei relativi sottocomponenti di un vino (all'incirca un migliaio) richiede un esercizio impegnativo di concentrazione e di memorizzazione necessario per il loro ruolo di nasi linguistici (ivi: 47-66). L'esperienza e l'esercizio costante e paziente permettono a queste figure professionali di sviluppare le straordinarie potenzialità del nostro congegno olfattivo, che, seppur non comparabili a quelle di numerose specie animali macrosmatiche, solo nell'uomo vengono elaborate per creare le note seduttive di un profumo o per valutare, apprezzare, realizzare o gustare un vino o una pietanza.

Unica creatura capace di cuocere i cibi, di gustarli e di apprezzarne l'aroma, l'animale umano ha trasformato il soddisfacimento del bisogno di mangiare e di bere (che nelle altre specie risponde solo a un'istanza fisiologica: l'animale morde o divora il cibo in fretta oppure annusa e scappa terrorizzato) in un piacere che si concretizza nel rituale della convivialità, e in un sentire sapiente inaugurato dal gusto – come i Greci per primi hanno acutamente osservato – che poi è prevalentemente una questione di naso. Coltivare il naso e il gusto ci distingue dagli animali, e tutto lascia pensare che ciò sia strettamente connesso alla presenza della parola, anzi di una mente linguistica. Appetiti e pulsioni presenti anche in altri animali solo nell'uomo diventano attività linguisticizzate: non è un caso, come osserva F. Lo Piparo in una nuova rilettura della teoria aristotelica del linguaggio, che «nell'universo umano nemmeno quei desideri che non sono direttamente generati col concorso di strategie verbali rimangono estranei al potere del linguaggio: nascono o possono nascere come desideri a-linguistici (la sete, la fame, l'impulso sessuale, la paura, ad esempio) ma non sfuggono al filtro delle strategie discorsive» (2003: 11).

Tornando quindi ai nostri professionisti, la denominazione di un odore rappresenta un momento essenziale nell'elaborazione di un'*expertise* olfattiva perché, come sappiamo, potenzia le possibilità di accesso di un odore nella memoria, la sua rievocazione e il suo riconoscimento ulteriore, completando così la percezione stessa. Inoltre, contribuisce preliminarmente alla concettualizzazione non verbalizzata (categorizzazione) di un odore e permette la condivisione linguistica delle informazioni olfattive codificate in memoria. L'inchiesta condotta da Candau su questi e su altri professionisti dell'olfatto (complessivamente una quarantina), oltre a mostrare l'importanza del contenuto cognitivo delle informazioni veicolate dagli odori per l'esercizio di alcuni mestieri, rileva che il loro lessico, tutt'altro che 'inodore', è in genere ricco e anche esuberante, sovente evocativo, poetico, sinestetico, ma impreciso e ambiguo (2000: 69-70). E benché le parole improvvisate siano le più dense di significato e lascino ampio spazio all'interpretazione personale, è anche vero però che in alcune di queste professioni (*sommeliers*, enologi, profumieri) gli odori sono l'oggetto di un lessico stabilito convenzionalmente, di una terminologia negoziata e codificata ai fini della comprensione riciproca degli esperti. Non è un caso che molti sforzi siano stati orientati a stabilizzare i linguaggi professionali, con l'intento di formalizzare un sapere. E tuttavia la condivisione e la trasmissione verbale di un odore restano incerte e parziali, perché – fermo restando che il livello di condivisione dipende anche dalla natura dell'apprendistato (ivi: 111 sgg.) – ciascun professionista non può del tutto astrarsi dalle proprie idiosincrasie percettive, influenzate anche dai ricordi infantili (i più radicati).

Ma proviamo a capire brevemente, attraverso l'esempio dei *sommeliers*, in che senso i nasi di questi esperti possono essere definiti 'linguistici'. Premettiamo che la degustazione è un'analisi sensoriale molto diversa dal semplice atto del bere. Strumento di conoscenza critica, di controllo del vino, di comparazione e di interpretazione, essenziale per determinarne la qualità, uno strumento dove la sensibilità si coniuga all'intelligenza ed entrambe si concretizzano nel saper parlare di un vino, nella capacità cioè di identificare e raccontare una sensazione provata (Peynaud 1980: 14-18), la degustazione è altresì una disciplina propedeutica all'enologia e un'arte. «Il paradosso della degustazione – osserva E. Peynaud, uno dei maestri dell'enologia mondiale – è che essa tende ad essere un metodo oggettivo, impiegando mezzi soggettivi: il vino è l'oggetto, l'assaggiatore il soggetto. Nella degustazione i sensi umani vengono utilizzati come strumenti di misura» (ivi: 18). E se l'atto del bere è generalmente muto, la degustazione deve necessariamente essere parlata. Ma parlare approfonditamente di un vino, descriverne gli odori e i sapori è un compito cognitivo estremamente complesso anche per gli assaggiatori di professione. Capita anche a loro, quando assaggiano, di lottare con la barriera dell'inesprimibile per tradurre una sensazione, di avere il sapore in bocca, l'odore sulla punta del naso e la parola per definirlo sulla punta della lingua. «Chi non si è mai sentito impotente nel dover definire i componenti così diversi e fugaci del *bouquet* di un grande vino?» (ivi: 170). Di fatto però, il gergo della degustazione, tutt'altro che oscuro, ricorre a parole abituali usate in un senso figurato ed evocativo, con cui si tenta di accerchiare la verità parzialmente inafferrabile contenuta nell'identità di un vino e nella sua storia.

Una delle grandi ironie culinarie è che la degustazione di un vino, ma anche di un alimento, dipenda più dall'odorato che dal gusto. L'olfatto è, infatti, il senso principale della degustazione, quello maggiormente coinvolto (ivi: 27), all'interno di un'avventura sinestetica che vede impegnati anche la vista e il gusto. Alcuni chimici sostengono addirittura che il vino sia un profumatissimo liquido insapore, e per i veri appassionati l'aspetto olfattivo costituisce l'anticamera del paradiso: se i vini non emanassero profumi, probabilmente svanirebbe il loro alone di magia. L'aspetto olfattivo, che è il momento di maggiore complessità, non interviene soltanto quando accostiamo il bicchiere al naso per percepire i profumi del vino, ma anche nel momento in cui lo assaggiamo. Dopo aver deglutito, espirando dalle narici, si avverte l'aroma del vino che impregna la bocca, cioè le sensazioni gustativo-olfattive o aromi di bocca percepiti per via retronasale. Annusare un vino e descriverne le note aromatiche è la fase più complicata di una degustazione ma anche la più emozionante, perché da una parte ci fa riscoprire le capacità di un organo ormai quasi dimenticato e come atrofizzato, dall'altra ci insegna ad ascoltare le innumerevoli cose che un vino sa dirci. Tra le diverse fasi dell'esame olfattivo[7] quella della

---

[7] Sull'esperienza linguistica della degustazione rinviamo a un no-

descrizione è la più interessante e anche la più divertente, dal momento che mette in moto la nostra memoria olfattiva e la nostra abilità di animali linguistici. In questa fase succedono cose sorprendenti (almeno per i meno esperti): quasi ci si lambicca il cervello a dare il nome a un odore che si è sicuri di aver già sentito, ma che non si riesce a ricordare, anche perché spesso legato a cose lontane dal mondo dei vini o ad aspetti biografici. Chi mai direbbe di aver ritrovato in un vino sentori animali di pelliccia, di cuoio, oppure di catrame, di mandorla, di cacao, di burro ecc.? E anche quando queste percezioni sono familiari, è inevitabile un certo margine di errore e di suggestione, per cui le interpretazioni degli assaggiatori possono differire. Per fornire descrizioni il più possibile oggettive e condivisibili, evitando la babele delle metafore personali, occorre attingere a un vocabolario codificato, che permetta poi al *sommelier* di tradurre in parole comprensibili le variegate e complesse impressioni sensoriali prodotte da un vino.

La degustazione ha quindi una sua sintassi e una sua semantica ed è frutto di un ragionamento induttivo e deduttivo, poiché richiede un'operazione di analisi delle singole sensazioni, di comparazione e poi di sintesi, di ricomposizione cioè delle singole percezioni dominanti in un giudizio d'insieme. Insomma, è «come se il vino fosse un testo da leggere composto di lettere, parole, nessi logici: segni, simboli, codici che costituiscono un messaggio globale» (Gho, Ruffa 1993: 17). Ogni componente trasmette un messaggio diverso e l'insieme delle sostanze presenti ne genera altri, che si combinano tra loro producendo una percezione globale[8]. Il lavoro di un 'naso linguistico' im-

---

stro precedente contributo, Cavalieri 2004, ripreso, per qualche parte, in questo paragrafo.

[8] La procedura con cui il cervello integra in un unico oggetto percepito i singoli elementi dell'analisi svolta da ciascun sistema sensoriale, per apprezzarne l'insieme, si chiama *binding*, e la corteccia orbitofrontale è una delle aree del cervello responsabile di questa convergenza multisensoriale (Pritchard 2003; Rolls 2003).

plica l'attività di numerose funzioni cognitive: la comparazione della sensazione immediata con i modelli sensoriali archiviati in memoria, quindi l'attenzione percettiva, la riflessione, il riconoscimento e il giudizio. Dal momento che si riconosce solo ciò che è noto, la memoria olfattiva pazientemente costruita andando a caccia degli odori più svariati svolge un ruolo primario, e solo la sua agilità può consentire in pochi secondi di rievocare ed estrarre dall'archivio il riferimento giusto. Che usare il naso significhi in buona sostanza 'usare la testa' è confermato dai risultati preliminari di una ricerca recente (Castriota Scanderbeg *et al.* 2003) sulla percezione neurologica del vino, la prima a livello mondiale, che fornisce dati oggettivi sulla complessa funzione del naso nella degustazione, in particolare il difficile compito cognitivo di identificazione, di etichettazione e soprattutto di descrizione dei profumi di un vino. La visualizzazione del cervello dei *sommeliers* mostra una reazione più completa ed estesa ai profumi e al gusto del vino rispetto a quella osservata nel cervello dei comuni assaggiatori, coinvolgendo circuiti cerebrali differenti che implicano l'utilizzazione di funzioni cognitive superiori. Sono stati esaminati quattordici soggetti – sette *sommeliers* professionisti e sette comuni assaggiatori – con la risonanza magnetica funzionale (RMf), mentre assaggiavano ripetutamente piccole quantità di tre vini diversi. I soggetti dovevano degustare i vini e cercare di identificarli e alla fine dell'esperimento è stato chiesto loro di descriverne accuratamente le caratteristiche e di formulare un giudizio critico su ciascuno di essi. I dati presi in considerazione hanno riguardato due aspetti importanti e temporalmente distinti del processo di riconoscimento di un vino, ovvero il gusto e il retrogusto.

I risultati di questa ricerca complessivamente mettono quindi in luce importanti differenze tra i *sommeliers* e gli assaggiatori non esperti: solo nei primi è emersa una consistente attivazione bilaterale del complesso ippocampo-amigdala (parte integrante del sistema limbico), centrale tanto nei processi di memoria quanto in quelli emoziona-li (laddove nel gruppo di controllo si attivava solo quello di destra) – ed è qui che probabilmente si forma il complesso delle percezioni olfattive e gustative – e della corteccia prefrontale sinistra. Questo risultato è altrettanto interessante, trattandosi di un'area associativa superiore coinvolta in attività che richiedono l'uso di strategie cognitive, e sorregge l'ipotesi che solo il cervello dei *sommeliers* di professione segua strategie di tipo analitico, anzi specificamente linguistiche, quali l'uso di un lessico tecnico competente che conferisce all'attività di degustazione una specifica connotazione cognitivo-linguistica. L'attivazione nei *sommeliers* della corteccia prefrontale sinistra e del complesso ippocampo-amigdala di sinistra, area di convergenza delle diverse modalità sensoriali, lascia altresì vedere l'integrazione di un'esperienza percettiva unitaria con il vissuto cognitivo, mnestico ed emozionale del soggetto, nell'apprezzamento e nella descrizione di una bevanda complessa come il vino.

Esercizio specificamente umano di sensorialità avvertita e consapevole in cui si codifica una piacevole attività conviviale, il lavoro di un *sommelier* costituisce un esempio del modo in cui un'esperienza in larga misura olfattiva, perciò fortemente soggettiva e carica di emozioni, si realizza nel linguaggio, scontrandosi con la barriera dell'indicibile, scalfita da un elegante gioco di destrezza verbale suscitato da un'annusata che riesce ad essere eloquente anche quando la descrizione che ne scaturisce è essenziale e asciutta come quella che poniamo a conclusione di questo saggio: «Bel colore rubino con riflessi aranciati. Bouquet generoso di grande distinzione; si ritrova l'insieme ribes-lampone-vaniglia con una nota discreta di ottimo legno. Sapore lungo e vellutato, con corpo e nervosità. Tannino molto saporito. Alta classe (vino: *Nuit Saint-Georges*, Ferrières 1967)» (Peynaud 1980: 200). Niente di più eloquente per i devoti del divino nettare, profumato di ragione e insieme di passione!

Riferimenti bibliografici

I numeri di pagina citati nel rimando presente nel testo si riferiscono all'anno dell'edizione colà citata (generalmente la prima), tranne nei casi in cui in bibliografia è ulteriormente specificato un anno di edizione diverso e/o la traduzione italiana.

AA.VV., 2000, *Le tattiche dei sensi*, manifestolibri, Roma.

AA.VV., 2003, *Sensi di vini. Il segreto del cervello nella degustazione*, Ed. Enoteca Italiana, Siena.

Ackerman D., 1990, *Storia naturale dei sensi*, trad. it. Frassinelli, Milano 1992.

Aftel M., 2001, *Essenze e alchimia. Il libro dei profumi*, trad. it. Garzanti, Milano 2006.

Agostino di Ippona, *L'istruzione cristiana*, trad. it. Fondazione Lorenzo Valla, Milano 1994.

Alcock J., 1998, *Etologia. Un approccio evolutivo*, trad. it. Zanichelli, Bologna 2001.

Amoore J., 1963, *A stereochemical theory of olfaction*, «Nature», 198: 271-272.

Id., 1970, *Molecular basis of odor*, Ch. Thomas, Springfield (IL).

Aristotele, *Del senso e dei sensibili*, trad. it. in *Opere*, vol. 4, Laterza, Roma-Bari 1983, pp. 195-236.

Id., *Dell'anima*, trad. it. in *Opere*, vol. 4, Laterza, Roma-Bari 1983, pp. 97-191.

Id., *Metafisica*, trad. it. in *Opere*, vol. 6, Laterza, Roma-Bari 1973.

Id., *Ricerche sugli animali*, trad. it. in *Opere biologiche*, UTET, Torino 1971, pp. 77-482.

Attili G. *et al.*, 1981, *Il ruolo dell'olfatto nella comunicazione non-verbale*, «Psicologia Contemporanea», 8, 46: 17-21.

Aubaile-Sallenave F., 1997, *Le monde traditionnel des odeurs et des saveurs chez le petit enfant maghrébin*, «Enfance», 1: 186-208.

Id., 1999, *Le souffle des parfums. Essai de classification des odeurs chez les Arabo-musulmans*, in D. Musset, C. Fabre-Vassas (éds.), *Odeur et parfum*, CTHS, Paris.

Id., 2004, *Corps, odeurs, parfums dans les sociétés arabo-musulmanes*, in Cobbi, Dulau (éds.), 2004, pp. 181-192.

Bachelard G., 1960, *La poetica della rêverie*, trad. it. Dedalo, Bari 1993.

Barker L., Weaver C., 1983, *Rapid, permanent loss of memory for absolute intensity of taste and smell*, «Bulletin of the Psychonomic Society», 21: 281-284.

Baudelaire Ch., 1857, *I fiori del male*, trad. it. Mondadori, Milano 1999.

Bear M.F. *et al.*, 2001, *I sensi chimici*, in *Neuroscienze. Esplorando il cervello*, trad. it. Masson, Milano 2007, pp. 256-283.

Beguin P., Costermans J., 1994, *Le traitement de l'information olfactive*, «L'Année Psychologique», 94: 99-122.

Bekesy G. von, 1964, *Olfactory analogue to directional hearing*, «Journal of Applied Physiology», 19: 369-373.

Bellieni C.V., 2004, *L'alba dell'«io». Dolore, desideri, sogno, memoria del feto*, Società Editrice Fiorentina, Firenze.

Bergson H., 1889, *Essai sur les données immédiates de la conscience*, in *Œuvres*, PUF, Paris 1959, pp. 1-157.

Id., 1895, *Le bon sens et les études classiques*, in *Mélanges*, PUF, Paris 1972, pp. 359-372.

Id., 1896, *Matière et mémoire*, in *Œuvres*, PUF, Paris 1959, pp. 159-379.

Berlin B., Kay P., 1969, *Basic color terms. Their universality and evolution*, University of California Press, Berkeley.

Berliner D.L. *et al.*, 1996, *The functionality of the human vomeronasal organ (VNO). Evidence for steroid receptors*, «Journal of Steroid Biochemistry and Molecular Biology», 58: 259-265.

Berlucchi G., Aglioti S., 1996, *Le sindromi di disconnessione interemisferica*, in Denes, Pizzamiglio (a cura di), 1996, pp. 838-889.

Biscuso M., 2000, *Il naso dei filosofi e l'aroma del materialismo*, in AA.VV., 2000, pp. 11-28.

Boisson C., 1997, *La denomination des odeurs: variations et régularités linguistiques*, «Intellectica», 1, 24: 29-49.

Brand G., 1999, *La latéralisation olfactive chez l'homme. Revue de la littérature*, «Neurophysiologie Clinique», 29: 495-506.

Id., 2001, *L'olfaction: de la molécule au comportement*, Solal Editions, Marseille.

Brewer W.J. *et al.*, 2003, *Impairment of olfactory identification ability in individuals at ultra-high risk for psychosis who later develop schizophrenia*, «American Journal of Psychiatry», 160: 1790-1794.

Brookes J.C. *et al.*, 2007, *Could humans recognize odor by phonon assisted tunneling?*, «Physical Review Letters», 98, 3.

Buck L.B., 2000, *I sensi chimici: olfatto e gusto*, in E.R. Kandel *et al.* (a cura di), *Principi di neuroscienze*, trad. it. Ambrosiana, Milano 2003, pp. 618-638.

Buck L.B., Axel R., 1991, *A novel multigene family may encode odorant receptors: a molecular basis for odor recognition*, «Cell», 65: 175-187.

Burr Ch., 2002, *L'imperatore del profumo*, trad. it. Rizzoli, Milano 2005.

Cabanac M., 1971, *Physiological role of pleasure*, «Science», 173: 1103-1107.

Cabanis P.-J.-G., 1802, *Rapporti tra il fisico e il morale dell'uomo*, trad. it. Laterza, Roma-Bari 1973.

Calvino I., 1986, *Il nome, il naso*, in *Sotto il sole giaguaro*, Mondadori, Milano 1995, pp. 3-19.

Campan R., Scapini F., 2002, *Etologia*, trad. it. Zanichelli, Bologna 2005.

Candau J., 2000, *Mémoire et expériences olfactives: anthropologie d'un savoir-faire sensoriel*, PUF, Paris.

Id., 2001, *De la ténacité des souvenirs olfactifs*, «La Recherche», spécial édition *La mémoire et l'oubli*, juillet-août.

Id., 2005, *Anthropologie de la mémoire*, Colin, Paris.

Cartesio R., 1641, *Meditazioni sulla filosofia prima*, trad. it. in *Opere filosofiche*, UTET, Torino 1994, vol. I, pp. 635-902.

Id., 1664 post., *L'uomo*, trad. it. Boringhieri, Torino 1960.

Cassirer E., 1923, *Filosofia delle forme simboliche*, vol. III: *La fenomenologia della conoscenza*, trad. it. La Nuova Italia, Firenze 1966, rist. 2002.

Castriota Scanderbeg A. *et al.*, 2003, *La percezione del vino nei sommelier: uno studio mediante Risonanza Magnetica funzionale*, in AA.VV., 2003, pp. 55-60.

Cavalieri R., 2004, *Annusare e parlare: la degustazione come esperienza linguistica*, in R. Cavalieri, D. Chiricò, P. Perconti (a cura di), *Sentire e parlare*, Rubbettino, Soveria Mannelli, pp. 21-39.

191

Chamberlain D., 1998, *I bambini ricordano la nascita. I segreti della mente del tuo straordinario neonato*, trad. it. Bonomi Editore, Pavia.

Chastrette M., 2002, *Classification of odors and structure-odor relationships*, in Rouby *et al.* (eds.), 2002, pp. 100-118.

Chen D., Haviland-Jones J., 2000, *Human olfactory communication of emotion*, «Perceptual and Motor Skills», 91: 771-781.

Cicoria S., 2003, *La pubblicità sulla punta del naso*, Franco Angeli, Milano.

Cimatti F., 1998, *Mente e linguaggio negli animali. Introduzione alla zoosemiotica cognitiva*, Carocci, Roma.

Classen C., 1993, *Words of sense*, Routledge, London.

Classen C. *et al.*, 1994, *Aroma. The cultural history of smell*, Routledge, London-New York.

Classen C., Howes D., 1991, *Sounding sensory profiles*, in Howes (ed.), 1991a, pp. 257-288.

Cobbi J., Dulau R. (éds.), 2004, *Sentir. Pour une anthropologie des odeurs*, L'Harmattan, Paris.

Cocchi R., 2002, *Un caso di anosmia-iperosmia con ipoageusia, da probabile stress, migliorata a seguito di una farmacoterapia anti-stress*, in www.stress-cocchi.org/Other1-it.htm.

Condillac E. Bonnet de, 1754, *Trattato delle sensazioni*, trad. it. UTET, Torino 1976, pp. 337-576.

Corbin A., 1982, *Storia sociale degli odori, XVIII-XIX secolo*, trad. it. Mondadori, Milano 1984.

Cristalli G. *et al.*, 1997, *Sentir la mort pour sauver la vie*, «Courrier International», mars, 330.

Dalgarno G., 1661, *Ars signorum*, J. Hayes, London, rist. Scholar, Menston (Yorks) 1968.

Damasio A.R., 1994, *L'errore di Cartesio*, trad. it. Adelphi, Milano 1995.

Id., 1999, *Emozione e coscienza*, trad. it. Adelphi, Milano 2000.

Id., 2003, *Alla ricerca di Spinoza*, trad. it. Adelphi, Milano.

D'Amico C. *et al.*, 2005, *Missione speciale per il naso artificiale*, «Scienza Online», 14, anno 2: 1-9, in wwwscienzaonline.net/tecnologia/naso.html.

De Maio D., 2005, *Turbamenti olfattivi. Odor di femmina, di malattia, di malato, di santità*, Laruffa Editore, Reggio Calabria.

De Martino G., 1997, *Odori. Entrate in contatto con il quinto senso*, Apogeo, Milano.

De Mauro T., 1982, *Minisemantica dei linguaggi non verbali e delle lingue*, Laterza, Roma-Bari.

Denes G., Pizzamiglio L. (a cura di), 1996, *Manuale di neuropsicologia. Normalità e patologia dei processi cognitivi*, Zanichelli, Bologna.

Dennett D., 1988, *Quining Qualia*, in E. Bisiach, A. Marcel (eds.), *Consciousness in contemporary society*, Oxford University Press, Oxford 1988.

Diderot D., 1751, *Lettera sui sordomuti*, trad. it. Guanda, Milano 1984.

Dodd G.H., Van Toller S. (a cura di), 1997, *Fragranze. Psicologia e biologia del profumo*, trad. it. Edizioni Aporie, Roma.

Doty R.L., 1981, *Olfactory communications in humans*, «Chemical Senses», 6, 4: 351-376.

Id., 1986, *Odour-guided behavior in mammals*, «Experientia», 42: 257-270.

Id., 1991a, *Influences of aging on human olfactory function*, in Laing *et al.* (eds.), 1991, pp. 181-195.

Id., 1991b, *Olfactory function in neonates*, in Laing *et al.* (eds.), 1991, pp. 155-165.

Dröscher V.B., 1966, *Magia dei sensi nel mondo animale*, trad. it. Feltrinelli, Milano 1968.

Dubois D. (éd.), 1997, *Catégorisation et cognition. De la perception au discours*, Kimé, Paris.

Dubois D. *et al.*, 1997, *Catégories sémantiques et sensorialités: de l'espace visuel à l'espace olfactif*, «Enfance», 1: 141-151.

Dubois D., Rouby C., 1997, *Une approche de l'olfaction: du linguistique au neuronal*, «Intellectica», 1, 24: 9-20.

Dulau R., Pitte J.R. (éds.), 1998, *Géographie des odeurs*, L'Harmattan, Paris.

Ehrlichman H., Bastone L., 1997, *L'olfatto e lo studio delle emozioni*, in Dodd, Van Toller (a cura di), 1997, pp. 127-142.

Elmes D.G., 1998, *Is there an inner nose?*, «Chemical Senses», 23, 4: 443-445.

Engen T., 1982, *La percezione degli odori*, trad. it. Armando, Roma 1989.

Id., 1986, *The biology of olfaction: an introduction*, «Experientia», 42: 211-213.

Id., 1987, *Remembering odors and their names*, «American Scientist», 75: 497-503.

Id., 1988, *The acquisition of odour hedonics*, in S. Van Toller, G.H. Dodd (eds.) *Perfumery, the psychology and biology of fragrance*, Chapman and Hall, London-New York, pp. 79-80.

Id., 1991, *Odor, sensation and memory*, Praeger, New York.

Engen T. *et al.*, 1973, *Short term memory for odors*, «Journal of Experimental Psychology», 99: 222-225.

Engen T., Engen E., 1997, *Relationship between development of odor perception and language*, «Enfance», 1: 125-140.

Engen T., Ross B., 1973, *Long term memory for odors with and without verbal descriptions*, «Journal of Experimental Psychology», 100: 221-227.

Ferdenzi C. *et al.*, 2004, *Impacts de la déficience visuelle sur le traitement des odeurs*, «Voir Barré», 28-29: 126 sgg.

Ferenczi S., 1924, *Thalassa. Psicoanalisi della vita sessuale*, trad. it. Astrolabio, Roma 1965.

Feuerbach A. von, 1832, *Kaspar Hauser*, trad. it. Adelphi, Milano 1996.

Freeman W.J., 1999, *Come pensa il cervello*, trad. it. Einaudi, Torino 2000.

Freud S., 1909, *Osservazioni su un caso di nevrosi ossessiva (Caso clinico dell'uomo dei topi)*, in *Opere*, vol. 6, trad. it. Boringhieri, Torino 1979.

Id., 1929, *Il disagio della civiltà e altri saggi*, vol. 10, trad. it. Boringhieri, Torino 1971, pp. 197-280.

Galilei G., 1623, *Il saggiatore*, Feltrinelli, Milano 1965.

Gazzaniga M.S. *et al.*, 1975, *Psychologic and neurologic consequences of partial and complete cerebral commissurotomy*, «Neurology», 25: 10-15.

Getchell T.V. *et al.* (eds.), 1991, *Smell and taste in health disease*, Raven Press, New York.

Gho P., Ruffa G., 1993, *Il piacere del vino*, Slow Food Editore, Bra (Cuneo) 2003².

Gibson J., 1966, *The senses considered as perceptual systems*, Houghton Mifflin, Boston.

Gilad Y. *et al.*, 2004, *Loss of olfactory receptors genes coincides with the acquisition of full trichromatic vision in primates*, «PloS Biology», 2: 120-124.

Gordon H.W., Sperry R.W., 1969, *Localization of olfactory perception in the surgically separated hemispheres of man*, «Neuropsychologia», 7: 111-120.

Gottfried J.A. *et al.*, 2004, *Remembrance of odors past. Human olfactory cortex in cross-modal recognition memory*, «Neuron», 42, 4: 687-695.

Gower D.B. *et al.*, 1997, *Feromoni e formazione degli odori*, in Dodd, Van Toller (a cura di), 1997, pp. 87-107.

Gusman A., 2004, *Antropologia dell'olfatto*, Laterza, Roma-Bari.

Hall E.T., 1966, *La dimensione nascosta*, trad. it. Bompiani, Milano 1991.

Harper R. *et al.*, 1968, *Odour description and odour classification*, J.& A. Churchill LTD, London.

Henning H., 1916, *Der Geruch*, Barth, Leipzig, ed. riv. 1924.

Herbinet E., Busnel M.-C. (a cura di), 1981-2000, *L'alba dei sensi. Le percezioni sensoriali del feto e del neonato*, trad. it. Edizioni Cantagalli, Siena 2001.

Herder J.G., 1772, *Saggio sull'origine del linguaggio*, trad. it. Pratiche Editrice, Parma 1995.

Id., 1784-1791, *Idee per la filosofia della storia dell'umanità*, trad. it. Zanichelli, Bologna 1971.

Herz R.S. *et al.*, 1999, *Hemispheric lateralization in the processing of odor pleasantness versus odor names*, «Chemical Senses», 24: 691-695.

Herz R.S., Engen T., 1996, *Odor memory: review and analysis*, «Psychonomic Bulletin and Review», 3 (3): 300-313.

Hjelmslev L., 1943, *I fondamenti della teoria del linguaggio*, trad. it. Einaudi, Torino 1968.

Holley A., 1997, *Le physiologiste et la catégorisation des odeurs*, «Intellectica», 1, 24: 21-27.

Id., 1999, *Éloge de l'odorat*, Odile Jacob, Paris.

Id., 2002, *Cognitive aspects of olfaction in perfumer practice*, in Rouby *et al.* (eds.), 2002, pp. 16-26.

Id., 2004, *Le système olfactif: déterminisme génétique et plasticité*, in Cobbi, Dulau (éds.), 2004, pp. 47-58.

Howes D., 1986, *Le sens sans parole*, «Anthropologie et Sociétés», 10, 3: 29-45.

Id., 1987, *Olfaction and transition: an essay on the ritual uses of smell*, «The Canadian Review of Sociology and Anthropology», 24, 3: 398-414.

Id., 1990, *Les techniques des sens*, «Anthropologie et Sociétés», 14, 2: 99-115.

Id. (ed.), 1991a, *The varieties of sensory experience*, University of Toronto Press, Toronto.

Id., 1991b, *Olfaction and transition*, in Howes (ed.), 1991a, pp. 128-147.

Hume D., 1739-1740, *Trattato sulla natura umana*, in *Opere*, vol. I, trad. it. Laterza, Roma-Bari 1992.

Issanchou S. *et al.*, 2002, *Testing odor memory: incidental versus intentional learning, implicit versus explicit memory*, in Rouby *et al.* (eds.), 2002, pp. 211-230.

Itard J.M., 1802-1807, *Il ragazzo selvaggio*, trad. it. in L. Malson (ed. fr. 1964), *I ragazzi selvaggi*, Rizzoli, Milano 1971, appendice pp. 125-230.

Jehel C. *et al.*, 1997, *Role of verbal encoding in short term and long term odor recognition*, «Perception and Psychophysics», 59: 100-110.

Jellinek J.S., 1997, *Le classificazioni dei profumi*, in Dodd, Van Toller (a cura di), 1997, pp. 193-208.

Jones-Gotman M., Zatorre R.J., 1993, *Odor recognition memory in humans: role of right temporal and orbitofrontal regions*, «Brain and Cognition», 22: 182-198.

Kant I., 1798, *Antropologia dal punto di vista pragmatico*, trad. it. in *Scritti morali*, UTET, Torino 1970, pp. 535-757.

Keller H., 1908, *Il mondo in cui vivo*, trad. it. Fratelli Bocca, Milano 1944.

Kerr M.A., Belluscio L., 2006, *Olfactory experience accelerates glomerular refinement in the mammalian olfactory bulb*, «Nature Neuroscience», 9: 484-486.

King J.R., 1997, *Fragranze per ridurre l'ansia*, in Dodd, Van Toller (a cura di), 1997, pp. 109-126.

Kirk-Smith M.D. *et al.*, 1983, *Unconscious odour conditioning in human subjects*, «Biological Psychology», 17: 221-231.

Kirk-Smith M.D., Booth D.A., 1987, *Chemioreception in human behaviour: experimental analysis of the social effetcs of fragrances*, «Chemical Senses», 12, 1: 159-166.

Kusmirek J., 1997, *Definizione di aromaterapia*, in Dodd, Van Toller (a cura di), 1997, pp. 165-175.

Laing D.G. *et al.* (eds.), 1991, *The human sense of smell*, Springer-Verlag, Berlin.

Lane H., 1976, *Il ragazzo selvaggio dell'Aveyron*, trad. it. Piccin, Padova 1989.

Lawless H., Engen T., 1977, *Association to odors: interference, mnemonics, and verbal labeling*, «Journal of Experimental Psychology: Human Learning and Memory», 3: 52-59.

Le Breton D., 2006, *Il sapore del mondo. Un'antropologia dei sensi*, trad. it. Cortina, Milano 2007.

Le Doux J., 1996, *Il cervello emotivo. Alle origini delle emozioni*, trad. it. Baldini & Castoldi, Milano 1998.

Le Gros Clark W.E., 1952, *The structure of the brain and the process of thinking*, in P. Lashlett (ed.), *The physical basis of thinking*, Blackwell, Oxford.

Le Guérer A., 1998, *I poteri dell'odore*, trad. it. Bollati Boringhieri, Torino 2004.

Id., 2002, *Olfaction and cognition: a philosophical and psychoanalytic view*, in Rouby *et al.* (eds.), 2002, pp. 3-15.

Id., 2004, *La logica degli odori e il profumo del futuro*, «Il Sole-24 Ore», 17 ottobre, 287, p. 18.

Lehrner J. *et al.*, 1999, *Different forms of human odor memory: a developmental study*, «Neuroscience Letters», 272: 17-20.

Lehrner J., Walla P., 2002, *Development of odor naming and odor memory from childhood to young adulthood*, in Rouby *et al.* (eds.), 2002, pp. 278-289.

Le Magnen J., 1949, *Odeurs et parfums*, PUF, Paris 1961.

Id., 1981-2000, *Preferenze e avversioni alimentari del neonato*, in Herbinet, Busnel (a cura di), 1981-2000, pp. 333-342.

Lenti Boero D., Puntellini M., 2000, *Oltre le parole. Odori, gesti, suoni nella comunicazione umana e animale*, QuattroVenti, Urbino.

Levi G. *et al.*, 2003, *The Dlx5 homeodomain gene is essential for olfactory development and connettivity in the mouse*, «Molecular and Cellular Neuroscience», 22 (4): 530-543.

Lieberman Ph., 1991, *Uniquely human. The evolution of speech, thought, and selfless behaviuor*, Harvard University Press, Cambridge (MA)-London.

Id., 2000, *Human language and the reptilian brain*, Harvard University Press, Cambridge (MA).

Linneo C. von, 1756, *Odores medicamentorum*, «Amoenitates Academicae», 3: 183.

Lo Piparo F., 2003, *Aristotele e il linguaggio. Cosa fa di una lingua una lingua*, Laterza, Roma-Bari.

Lucrezio, *La natura*, trad. it. UTET, Torino 1997.

Ludovico A., 2006, *Anima e corpo. I ragazzi selvaggi alle origini della conoscenza*, Aracne, Roma.

Lyman B., McDaniel M., 1986, *Effect of encoding strategies on long-term memory for odours*, «Quarterly Journal of Experimental Psychology», 34 A: 753-765.

Lyman B., McDaniel M., 1990, *Memory for odors and odor names: modalities of elaboration and imagery*, «Journal of Experimental Psychology: Learning, Memory and Cognition», 16: 656-664.

MacLean P.D., 1949, *Psychosomatic disease and the «visceral brain»: recent developments bearing of the Papez theory of emotion*, «Psychosomatic Medicine», 11: 338-353.

MacLeod P., 1981-2000, *La formazione di un'immagine chimico-sensoriale. Dalla periferia al centro, come si integra l'informazione ol-*

fatto-gustativa?, in Herbinet, Busnel (a cura di), 1981-2000, pp. 345-356.

Mainardi D., 2002, *L'etologia caso per caso*, Perdisa Editore, Bologna.

Marlier L., Schaal B., 1997, *Familiarité et discrimination olfactive chez les nouveau-né: influence différentielle du mode d'alimentation?*, «Enfance», 1: 47-61.

Martins Y. *et al.*, 2005, *Preference for human body odors is influenced by gender and sexual orientation*, «Psychological Science», 8: 694-701.

McClintock M.K., 1971, *Menstrual synchrony and suppression*, «Nature», 229: 224-225.

Mellier D. *et al.*, 1997, *Études exploratoires des relations intersensorielles olfaction-douleur*, «Enfance», 1: 98-111.

Mennella J.A. *et al.*, 2001, *Prenatal and postnatal flavor learning by human infants*, «Pediatrics», 107 (6), p. E88.

Mennella J.A, Beauchamp G.K., 1997, *The ontogeny of human flavor perception*, in G.K. Beauchamp, L. Bartoshuk (eds.), *Tasting and smelling*, Academic Press, San Diego 1997, pp. 199-221.

Merleau-Ponty M., 1945, *Fenomenologia della percezione*, trad. it. Bompiani, Milano 2003.

Miani A. *et al.*, 2008, *Il marketing dei sensi*, Lupetti, Milano.

Montaigne M. de, 1580-1595, *Saggi*, trad. it. Adelphi, Milano 1992, libri I e II.

Mouélé M., 1997, *L'apprentissage des odeurs chez les Waanzi: note de recherche*, «Enfance», 1: 209-222.

Munier B., 2003, *Storia dei profumi. Dagli dei dell'Olimpo al cyberprofumo*, trad. it. Dedalo, Bari 2006.

Murphy C., Cain W.S., 1986, *Odor identification: the blind are better*, «Physiology and Behavior», 37: 177-180.

Nietzsche F., 1888a, *Crepuscolo degli idoli*, trad. it. in *Opere filosofiche*, UTET, Torino 2003.

Id., 1888b, *Ecce homo*, trad. it. Adelphi, Milano 2003.

Occhibianco F., 2002, *L'elogio del naso*, Calabria Editore, Barcellona (ME).

Paivio A., 1986, *Imagery and verbal processes*, Erlbaum, Hillsdale (NJ).

Peynaud E., 1980, *Il gusto del vino*, trad. it. Bibenda, Roma 2004.

Pihet S. *et al.*, 1997, *Réponses comportementales aux odeurs chez le nouveau-né prématuré: étude préliminaire*, «Enfance», 1: 33-46.

Platone, *La Repubblica*, trad. it. Laterza, Bari 1970 (1ª ed. 1966).

Id., *Timeo*, trad. it. BUR, Milano 2003.

Price J.L., 2003, *L'olfatto e il vino*, in AA.VV., 2003, pp. 27-33.

Pritchard T., 2003, *Il sistema gustativo e la sua storia d'amore con il vino*, in AA.VV., 2003, pp. 17-25.

Proust M., 1913, *Alla ricerca del tempo perduto*, vol. I, *Dalla parte di Swann*, trad. it. BUR, Milano 1985.

Purves D. *et al.*, 1997, *Les sens chimiques*, in *Neurosciences*, trad. fr. De Boeck Université, Paris-Bruxelles 1999, pp. 263-288.

Reid Th., 1764, *Ricerca sulla mente umana secondo i principi del senso comune*, in *Ricerca sulla mente umana e altri scritti*, trad. it. UTET, Torino 1975 pp. 91-330.

Relier J.P., 1993, *Amarlo prima che nasca. Il legame madre-figlio prima della nascita*, trad. it. Le Lettere, Firenze 1994.

Richardson J., Zucco G., 1989, *Cognition and olfaction: a review*, «Psychological Bulletin», 105, 3: 352-360.

Righetti P.L., 2003, *Elementi di psicologia prenatale*, Magi Edizioni, Roma.

Ritchie I., 1991, *Fusion of the faculties: a study of the language of the senses in Hausaland*, in Howes (ed.), 1991a, pp. 192-202.

Rizzolatti G., Sinigaglia C., 2006, *So quel che fai. Il cervello che agisce e i neuroni specchio*, Cortina, Milano.

Rizzolatti G., Vozza L., 2008, *Nella mente degli altri*, Zanichelli, Bologna.

Rolls E.T., 2003, *La corteccia prefrontale, l'area del sapore e della ricompensa*, in AA.VV., 2003, pp. 35-43.

Roncato S., Zucco G., 1993, *Memoria olfattiva*, in *I labirinti della memoria*, il Mulino, Bologna, pp. 119-136.

Rosch E., 1978, *Principles of categorization*, in E. Rosch, B.B. Lloyd (eds.), *Cognition and categorization*, Erlbaum, Hillsdale (NJ).

Rossi M., 2004, *Il libro del profumo. Memorie, segreti e consigli olfattivi*, TEA, Milano.

Rouby C. *et al.*, 1997, *Connaissance et reconnaissance d'une série olfactive chez l'enfant*, «Enfance», 1: 152-171.

Rouby C. *et al.* (eds.), 2002, *Olfaction, taste and cognition*, Cambridge University Press, Cambridge.

Rouby C., Sicard G., 1997, *Des catégories d'odeurs?*, in Dubois (éd.), 1997, pp. 59-81.

Roudnitska E., 1980, *Le parfum*, PUF, Paris.

Rouquier S. *et al.*, 2000, *The olfactory receptor gene repertoire in primates and mouse: evidence for reduction of the functional fraction in primates*, «Proceedings of the National Academy of Science of the United States of America», 97: 2870-2874.

Rousseau J.-J., 1762, *Emilio*, trad. it. La Scuola, Brescia 1965.

Rovesti P., 1980, *Alla ricerca dei profumi perduti*, Blow-Up, Venezia.

Sacks O., 1985, *L'uomo che scambiò sua moglie per un cappello*, trad. it. Adelphi, Milano 1986.

Schaal B., 1997, *L'olfaction: développement de la fonction et fonctions au cours du développement*, «Enfance», 1: 5-20.

Schaal B. *et al.*, 1980, *Les stimulations olfactives dans les relations entre l'enfant et la mère*, «Reproduction, Nutrition, Dévelopment», 20: 843-858.

Schaal B. *et al.*, 1998a, *Variabilité et universaux au sein de l'espace perçu des odeurs: approches inter-culturelles de l'hédonisme olfactif*, in Dulau, Pitte (éds.), 1998, pp. 25-47.

Schaal B. *et al.*, 1998b, *Olfactory function in the human fetus: evidence from selective neonatal responsiveness to the odor of amniotic fluid*, «Behavioral Neurosciences», 112: 1438-1449.

Schaal B. *et al.*, 2002, *Olfactory cognition at the start of life: the perinatal shaping of selective odor responsiveness*, in Rouby *et al.* (eds.), 2002, pp. 421-440.

Schaal B., Hertling E., 1981-2000, *Nuovo-nato, nuovo-naso? Olfatto e sviluppo precoce*, in Herbinet, Busnel (a cura di), 1981-2000, pp. 359-374.

Schab F.R., 1991, *Odor memory: taking stock*, «Psychological Bulletin», 109, 2: 242-251.

Schab F.R., Cain W.S., 1991, *Memory for odors*, in Laing *et al.* (eds.), 1991, pp. 217-240.

Schab F.R., Crowder R.G. (eds.), 1995, *Memory for odors*, Erlbaum, Hillsdale (NJ).

Schiffman S.S., 1997, *Fragranze: memoria, concentrazione e rilassamento*, in Dodd, Van Toller (a cura di), 1997, pp. 153-164.

Schleidt M., 1997, *L'importanza dell'olfatto umano*, in Dodd, Van Toller (a cura di), 1997, pp. 13-28.

Schopenhauer A., 1819, *Il mondo come volontà e rappresentazione*, trad. it. Laterza, Bari 1968, 2 voll.

Searle J., 2004, *La mente*, trad. it. Cortina, Milano 2005.

Sebeok Th., 2001, *Segni. Una introduzione alla semiotica*, trad. it. Carocci, Roma 2003.

Signoret J.P. *et al.*, 1997, *Il ruolo dell'olfatto nelle relazioni interindividuali degli animali d'allevamento*, «Summa», 6: 31-39.

Simmel G., 1908, *Sociologia*, trad. it. Edizioni di Comunità, Milano 1989.

Smith D.V., Seiden A.M., 1991, *Olfactory dysfunction*, in Laing *et al.* (eds.), 1991, pp. 283-305.

Smith D.V., Shepherd G.M., 1999, *Sensi chimici: gusto e olfatto*, in

M. Zigmond *et al.* (a cura di), *Neuroscienze*, trad. it. EdiSES, Napoli 2002, vol. I, pp. 771-815.

Smith F.V. *et al.*, 1966, *The critical period in the attachment of lambs and ewes*, «Animal Behaviour», 14: 120-125.

Soldera G., 1995a, *L'olfatto prima e dopo la nascita*, «Educazione Prenatale», 3.

Id., 1995b, *Conoscere il carattere del bambino prima che nasca*, Bonomi, Pavia.

Soussignan R., 1997, *Olfaction, réactivité hédonique et expressivité faciale chez l'enfant*, «Enfance», 1: 65-83.

Sperber D., 1974, *Per una teoria del simbolismo*, trad. it. Einaudi, Torino 1981.

Spinoza B., 1677, *Etica*, trad. it. Sansoni, Firenze 1984.

Steele J.J., 1997, *Le fragranze degli dei. I profumi nell'antico Egitto e nello sciamanesimo sudamericano*, in Dodd, Van Toller (a cura di), 1997, pp. 227-244.

Steiner J.E., 1977, *Facial expressions of the neonate infant indicating the hedonics of food-related chemical stimuli*, in J.M. Weiffenbach (ed.), *Taste and development*, DHEW, Bethesda (MD).

Id., 1979, *Human facial expressions in response to taste and smell stimulation*, «Advances in Child Development», 13: 257-295.

Stern K., McClintock M.K., 1998, *Regulation of ovulation by human pheromones*, «Nature», 392: 595-598.

Stoddart M.D., 1990, *La scimmia profumata. Biologia e cultura dell'odore umano*, trad. it. CIC Edizioni Internazionali, Roma 2000.

Id., 1997, *L'uomo, la scimmia profumata*, in Dodd, Van Toller (a cura di), 1997, pp. 43-56.

Sugano H., 1997, *Effetti psicofisiologici delle fragranze*, in Dodd, Van Toller (a cura di), 1997, pp. 143-152.

Süskind P., 1985, *Il profumo*, trad. it. TEA, Milano 1988.

Testa A., 2003, *La pubblicità*, il Mulino, Bologna, 3ª ed. aggiornata 2007.

This B., 1981-2000, *La musica prima di tutto*, in Herbinet, Busnel (a cura di), 1981-2000, pp. 315-324.

Tisserand R., 1988, *Aromatherapy*, Penguin, London.

Id., 1997, *Impiego degli oli essenziali a fini terapeutici*, in Dodd, Van Toller (a cura di), 1997, pp. 177-192.

Tonatto L., Montrucchio A., 2006, *Storia di un naso. Lo straordinario talento di una creatrice di profumi*, Einaudi, Torino.

Tubaldi F. *et al.*, 2008, *The graspig side of odours*, «PloS One», 3 (3).

Turin L., 1996, *A spectroscopic mechanism for primary olfactory*, «Chemical Senses», 21, 6: 773-791.

Van Beek W.E.A, 1992, *The dirty smith: smell as a social frontier among the Kapsiki/Higi of north Cameroon and north-eastern Nigeria*, «Africa», 62, 1: 38-58.

Van Eeckhout Ph., 2001, *Il linguaggio ferito. Riprendere a parlare dopo una lesione cerebrale*, trad. it. Bollati Boringhieri, Torino 2002.

Van Toller S., 1985, *Odours and emotion. A report to Quest International*, Ashford, UK.

Id., 1997, *Il naso dimenticato. Emozioni e cervello*, in Dodd, Van Toller (a cura di), 1997, pp. 29-42.

Vroon P. *et al.*, 1994, *Il seduttore segreto. Psicologia dell'olfatto*, trad. it. Editori Riuniti, Roma 2003.

Webb D. *et al.*, 2004, *Genetic evidence for the coexistence of pheromone perception and full trichromatic vision in Howler Monkeys*, «Molecular Biology and Evolution», 21, 4: 697-704.

Whorf B., 1956, *Linguaggio, pensiero e realtà*, trad. it. Boringhieri, Torino 1970.

Wilson E.O., 1963, *Pheromones*, «Scientific American», 208, 5: 100-114.

Id., 1968, *Sistemi chimici*, in Th. Sebeok (a cura di), *Zoosemiotica, studi sulla comunicazione animale*, trad. it. Bompiani, Milano 1973, pp. 83-109.

Wittgenstein L., 1953, *Ricerche filosofiche*, trad. it. Einaudi, Torino 1999.

Zucco G., 1984, *Competizione tra input acustici, olfattivi e visivi in memoria a lungo termine: il ruolo del canale sensoriale olfattivo*, «Archivio di Psicologia, Neurologia e Psichiatria», 1, 45: 128-137.

Id., 1988, *Il sistema olfattivo: aspetti fisiologici, neuropsicologici e cognitivi*, Cleup, Padova.

Id., 2000, *Olfatto: unicità di un senso*, in AA.VV., 2000, pp. 57-72.

Id., 2007, *Odor memory: the unique nature of a memory system*, in M. Plümacher, P. Halz (eds.), *Speaking of colors and odors*, J. Benjamins, Amsterdam-Philadelphia, pp. 155-165.

Zucco G. *et al.*, 1991, *Olfactory deficits in elderly subjects and Parkinson patients*, «Perceptual and Motor Skills», 73: 895-898.

Zucco G., Finotti L., 1989, *Riconoscimento di stimoli olfattivi, verbali e visivi, in soggetti normali e cerebrolesi. Differenze tra gruppi e ruolo dell'intervallo temporale*, «Archivio di Psicologia, Neurologia e Psichiatria», 50 (1): 118-130.

Zwaardemaker H., 1895, *Die Physiologie des Geruchs*, Engelmann, Leipzig.

Id., 1925, *L'odorat*, Doin, Paris.

Indici

Indice dei nomi

Indice del volume

Annotazioni